U0110083

閱讀抵抗荒誕

——蔡朝陽中國教育觀察

蔡朝陽・著

蔡朝陽
——小菜，又是一碟

李馳東

用最簡單的方式：啤酒、罐頭、大堆空煙盒，
對付趴上我窗台的每個週末。
麻將聲中我並不感到海水的孤獨。
白天，我曾是個戴眼鏡的中學教員，
一肚子墨水，兩手粉筆灰塵。
夜幕一拉開，夜的舞台上，我就是斗室中
不無憂傷的哈姆雷特：螢光燈下
我的奧菲莉婭在哪裏？永恆的
引領的女性，我從何處上升？
（狗屁領導，我對他們點頭哈腰。
我的孩子們，現在跟我念，「大江東去浪淘盡……」）
一隻飛蛾不停撞落燈罩。朋友來信
越來越少。靈魂和肉體，像沙子和
飯粒，使我牙齦酸痛。這也是可能的，
我僅僅維持在某個反面角色的水準，
自覺內心深處革命性煽動而無動於衷。
每個人都在生活壓力下變形，
這磨盤太巨大！直到牙齒脫落，滿臉
皺紋，啃不動骨頭，被親愛的人
喚做「霉乾菜」——死亡之神
才終於前來認領。朋友們呵，我們
殊途同歸，不管和文字結下怎樣恩怨。

誰曾經這般磨滅？

郭初陽

　　歌爾德蒙離開了修道院，他沒有故鄉，四處流浪，他在一個城市稍稍安定下來，就開始給他的朋友塑像。這次用的材料是木頭，他要把朋友雕成使徒約翰的模樣，這傳福音的使徒約翰，曾經親耳聆聽這聲音——那時，有施洗的約翰出來，在猶太的曠野傳道，說：「天國近了，你們應當悔改！」（馬太福音3：1-3）

　　這聲音迴盪在文二路上，吸引著我走進青磚外牆，紅漆扶手的宿舍；凝神細聽，這聲音彎過一彎，如皮筋縮回它的彈性，將我扯回304寢室的木門前；推進去，右手邊的窄窄的下鋪，還勾出靠牆一排並列的書，牆上便貼著這十個字，連同那個驚嘆號。這聲音，從《施洗的河》的扉頁，傳到這位朋友的床鋪上，是呼喊也是細語，陪伴著他的安睡和醒來，直到他離開這幽暗清涼的房間，以及304東窗口那株葉子低垂的楓楊，那一串串綠色的元寶。

　　關於蔡朝陽，我能提供怎樣的形象呢？描摹初次結識的人，是容易的，誠實地按照第一面的印象，記錄下來就是

了；而他與我做了十六年的朋友，將近我一半的年齡，熟悉如每天的日出，採用他推崇的楊憲益先生的譯筆，則熟悉如「那初生的有紅指甲的曙光」。你將如何去描摹每天的朝陽？更何況多年的印象累積，光影交疊，一種確定的神情與姿態，反而愈加漫漶了，甚至有時候，竟然一時卡住，怎麼也想不起他的樣子，許久才緩緩恢復，記憶是多麼不可靠啊。

然而不可靠的記憶，總勝過沒有記憶，於是我努力思想，將他的形象固定在一個詞語上，各人盡可按照自己的理解去加以充盈，這詞語，強以名之——「少年」——不是龔自珍「拂衣行矣如奔虹」的遊俠少年，不是梁啟超「幹將發硎，有作其芒」的國家少年，也不是海子〈詩人葉賽寧〉裏「朗誦放蕩瘋狂的詩」的浪子少年；這少年的形象，來自於蔡朝陽偶爾會提及的Beyond，Beyond樂隊佔據著他內心一塊小小的土地，那首《大地》的結尾，黃家駒吟唱著的，想來有時也會旋繞在他的心底：「眼前不是我熟悉的雙眼，陌生的感覺一點點，但是他的故事我懷念。回頭有一群樸素的少年，輕輕鬆鬆地走遠，不知道哪一天，再相見……」把歌詞裏的「群」改為「個」，則活畫出了我心中蔡朝陽的形象：樸素，一往情深，善良，有點羞澀，輕輕鬆鬆地走遠。

十幾年來，彼此的嘲笑，遠超過相互的吹捧，按照我們一貫戲謔的方式，說到「輕輕鬆鬆地走遠」這裏，我應當學霍拉旭的口吻，看著奧斯里克的背影，笑罵一聲：「這一隻小鴨頂著殼兒逃走了！」小鴨傻氣而固執，搖搖擺擺，一逃就逃回到93年的夏天，甘肅酒泉的一家客棧。

我們從火車上下來，洗淨衣服，打算晾乾。簡陋的房間裏，一根繩子橫貫左右，只要搭上去就是了。可牛仔褲和襯衫

太厚了，重疊著估計幹不了，思忖著要把繩子從褲腿袖管裏穿過去才好。我扶著凳子，蔡朝陽手執剪刀，站到上面，牽住沉甸甸的繩子，左右都是衣服。正想著剪斷之後，恐怕難以執其兩端，要不要把衣服先取下來……他早已經運斤成風，一剪下去，「啪！」右邊長長的一串衣物應聲落地。我們兩個面面相覷，他依舊牽著那繩子，是左邊的一小段，上面搖搖欲墜一件T恤，「咦，這繩子我明明抓著的呀，怎麼……」他立在高處沒有著落，左牽繩，右擎刀，進退維谷，不禁樂而開笑。

　　這個剪斷繩索的少年形象，便是我心目中的蔡朝陽。不妨看作一個象徵，可以一一對應地闡釋，不惜過度：由閱讀而獲得的視野（立在高處），以奧卡姆剃刀除去捆綁束縛（剪斷繩索），在現實中的艱難處境（沒有著落，進退維谷），始終不變的少年心態（樂而開笑）。蔡朝陽說，挺住是暫時的，虛無是永恆的。他真切地體味到人生的荒誕，然而即使在艱難挺住的關鍵時刻，他也不忘呵呵一笑。他的笑容，讓人感覺這世界還是可喜可愛的，讓人相信我們的熱血、辛勞、眼淚和汗水，終究會換來尚且遙遠的勝利。

　　在蔡朝陽的筆下，「路」是一個重要的意象，他偏愛與「路」有關的文題，明顯的如〈路啊路，飄滿了紅罌粟〉，〈萬山不許一溪奔〉，〈一個人在途中〉；含蓄的如〈李白，飄零酒一杯〉，〈在魯迅路口〉，〈在地壇尋找史鐵生〉；關於職業的理解，他也尋求這路徑依賴，說「課堂是另一重時空的旅行」；甚至在魔獸爭霸的遊戲裏，他的小法師外加小礦工的角色，依舊是冒著危險，在路上奔波營營。

　　盤踞在他精神深處，常常令他心動的，是鄧曉芒的一句話：「我想，我應該獨自上路了。」他通過寫作變得強大、自

信、從容。一路走來，至今已成為同行者中一個可貴的定點，回顧他走過的路，回顧那灰色軌跡，能加深對他的理解。

蔡朝陽樸素而一往情深，所以喜愛詩人海子；不過若是要我為他選擇一位對應的詩人，我倒以為，最適合的是陸憶敏。他目前的的狀態，正如陸憶敏所寫，已經出梅入夏，坐在光榮與夢想的車上；而那首詩，簡直就是專門為他而寫，名為〈街道朝陽的那面〉，第一句就是「所有的智慧都懸掛在朝陽的那面」，按照費里尼的同步經驗之說，這句詩如讖如偈，彷彿是冥冥中對這位善良、羞澀的少年的肯定。

陸憶敏還有一首〈可以死去就死去〉：「紙鷂在空中等待／絲線被風力折斷／就搖晃身體　幼孩在陽台上渴望／在花園裏奔跑／就抬腳邁出　汽車開來不必躲閃／煤氣未關不必起床／游向深海不必回頭……」這裏面命定的偶然，生命的纖弱，徹底的絕望，每次讀到，都會讓我想起蔡朝陽的〈自殺，離我多遠？〉。

這篇文章寫於2001年末，記錄的事件則發生在1999年初，寫作時已隔近三年，但黑暗的氣息依舊彌滿紙張，讀著讀著，一下就被吸進去──火車頭拉了汽笛，發出哐啷響聲，掛鈎的鏈子猛然一牽動。我害怕這篇文章，每次都是一略而過，沒有好好讀完，因為那樣黯淡、聲嘶力竭、生命只在一念之間的時刻，我也曾經有過，站在鐵路邊，冰入心髓的人，彷彿就是我自己；害怕這篇文章的另一個原因，是作為朋友的愧悔，幾年的分隔之後，在最艱難的時刻，我們幾個伶仃分散，缺乏及時的聯絡，不能共同分擔、一起抵禦周圍的嚴威和風寒。

蔡朝陽寫了下來，並把它收錄在文集裏，證明他的勇敢，於是我也敢於重讀，引錄其中的片斷，用來比照我們目前

生活的來之不易：「我站在鐵路邊，渾身精濕，頭髮耷拉下來，遮住了眼鏡。一列運煤車轟隆轟隆地開過，帶起的氣流卷過我身上，刺骨的寒冷。我站了很久，內心茫然一片，但終於轉身走了。」

生命之路繼續前行，然而空虛並沒有離開，蔡朝陽在讀書沙龍發表的第一篇文章的結尾，一口氣用了九個「我頹廢，故我……」，他寫道：「我頹廢，故我思想；我頹廢，故我貧窮；我頹廢；故我快樂……」而這篇總結過去，也預示著一種全新生活的開始的文章，題目便是〈我頹廢，故我在〉。

若將孤獨、空虛、荒誕視作封閉社會的病症，那麼讀書寫字便是一種積極的自我治療，2001年對於蔡朝陽而言，是具有轉折性的，從2001年1月開通網路之後，經過大約半年的潛水閱讀，他開始動筆。我保存著他2001年6月13日題為〈漫捲詩書喜欲狂〉的郵件，裏面記錄了他首次發帖的時間，以及當時的心情：

「昨天開始人就很高興，因為我開始在SINA的BBS上發帖子了。在『讀書沙龍』裏。我的名字是『阿啨1919』和『師曰庭前柏樹子』，因為讀書沙龍的版主名叫『曹溪』。裏面很有幾個有見識的，有一些文章的學術高度，我達不到。甘拜下風。

昨天和今天我發了幾個關於中日關係和紀念『六四』的文字，新浪上還有人記得六四。就像你我。

接下去我準備寫一篇關於魯迅的文章，和一篇『影響我的N本書』，完了請你斧正，拿開山大斧劈吧批吧！

你說我高不高興？生活有了方向，翻身農奴把歌唱。」

到了7月4日，他在沙龍得了兩篇精品，興奮異常，在信中寫道：「我持續了兩個多星期的發帖活動終於有了能讓我無比愉快的結果，為了這我又一次飲酒過量，呵呵。我感覺得到了承認，感到生活有了奔頭，每天都在想還有什麼可寫。呵呵！來網吧的路上，我唱著『你問我要去向何方，我指著大海的方向』。」從這個夏天開始，他的創作欲高漲，一發而不可收拾。用他7月16日的信中的表達，就是「生活有奔頭呀！」到了十月份，他有過一次總結：「三個月來，在BBS的日子很有意思，自由，合乎我的愛好……熱愛現在這樣踢球，看書，寫字，上網的日子。」他穩定下來，開始了跟筆記本同居與網路糾纏的生活。我回信道：「網路於你我的意義是不同的，你通過它聯繫了全人類，而我通過他聯繫了你，然而無論如何，它都是重要的。」事實上，來回的振盪啟動了彼此，2001年7月23日，我也在沙龍發表了第一個帖子，從此開始了自由的寫作。

跟隨著他，一路勇猛精進，依次經歷讀書沙龍，讀書生活，閒閒書話，關天茶舍，世紀中國……而我們生命中的重要人物，范美忠，傅國湧，也隨著網路依次出現，從此以後，一切都改變了。

黃燦然說：「就我的經驗而言，奧登品味端正，他喜歡的東西我都會喜歡，並且由此發現更廣闊的東西。」黃燦然的閱讀經驗，正彷彿我的生活經驗，自知視野狹窄，親緣淡薄；而蔡朝陽樸素，深情，善良，品位端正——他喜歡的東西我都會喜歡，他結交的朋友也就是我的朋友，他能感到范美忠朗誦時激起的風暴，察覺風暴的中心似乎存在著一條未知的路，我想，那就是我們的路。

梁啟超轉述過康有為常說的一句話：「思必出位，所以窮天地之變；行必素位，所以應人事之常。」前半句是要努力超越意識形態的局限，關注時代重大問題；後半句是要對自身局限保持清醒的意識，在公民社會中，做普通人該做的事。

蔡朝陽是寫作者，也是行動者，為了美好的今天，他以踏實的行動，身體力行米奇尼克的「as if」。在這個社會中，他確信自己的公民身份，並且愉悅輕快地做著一個人可以做、應該做的事情：愛自己的妻子兒子以及鄰居，認真工作，生氣了就呼喊並抗議，選擇自己的信仰，自由地言論，公佈真相，說出自己真實的想法，體面而富有人性地展示自己的忠誠、勤勉、正直、智慧。無論是作為兒子，作為丈夫，作為父親，作為教師，還是作為總務處副主任（他〈競選基建處主任（總務處副主任）的宣言〉，如嗔如笑，讓人躍起，燈影下讀復叫，叫復讀，手舞足蹈啊，沒有讀過的朋友一定要搜來讀一讀），他都盡心盡職，一絲不苟。我常常能感受到蔡朝陽的幸福，今年六月一日，〈蔡從從第16個月進步報告〉中，蔡朝陽說：「自從孩子來到我的生活，我明顯覺得，這世界，快樂和幸福也是真實存在的，具體可感的。」

日子過得真快呀，年復一年，他的網名「阿啃1919」，倒是一貫不變。不少朋友問，為什麼叫這個名字？他笑而不答。「1919」一目了然，他熱愛那個科學與民主的年代，渴望中國的文藝復興，作為天生的自由主義者，他選擇這美麗而對稱的數位作為最好的尾綴；而「阿啃」的深義，倘若我不點破，沒有人會發覺其暗中的驕傲，真相在另一種語言裏——「I can！」——精神卻是本土的，是辛棄疾的「當年墜地，而今試看，風雷奔走」，是龔定庵的「一簫一劍平生意，負盡狂

名十五年」，是穆旦的「你給我們豐富，和豐富的痛苦」，是北島的「我們沒有失去記憶，我們去尋找生命的湖」，當然也不妨是米沃什的那一塊小石子——「雪崩的形成，有賴於滾落的石子翻個身」。

整整七年的「I can！」，最初偶發的意氣，演變為持續的樸素言行。巴烏斯托夫斯基在《金玫瑰》裏說：「只要把契訶夫的照片按照年齡——從青年到晚年——攤開，你便可以清楚地看到外表上的那種庸俗習氣在逐年消失，而他的面孔越來越嚴肅、深沉和優雅，他的禮服越來越大方和隨便。」又瘦又高，套著一副圓框眼鏡的契訶夫，與我的兄弟蔡朝陽並不相似，可是由相貌展現出精神氣質的轉變，由頹廢主義到人道主義，是一致的。

阿啃的意義，一言以蔽之：他努力思考，以此克服公眾生活的思考缺陷；他以自身的生活，提供行動的示範。2004年起，他從論壇走向博客，他的日誌，向所有關注現在、關注現實的人，一天又一天的，呈現著生動榜樣：建設你自己，無所畏懼地做日常生活中的事情，你就可以獲得自由與力量。

我每天都看他的「黑暗時代，讀書寫字」，覺得他與我沒有距離，我們又像大學時候那樣，坐在教室的最後一排，親密無間。達芬奇說過，你越瞭解，便越愛。我慶幸自己有這樣的朋友，在一城悽楚布衣肥的年代，他以筆為證，證明過去的日子並非空虛；也讓人們清晰地看到，我們的日子像白米，每粒都是艱難，然而粒粒充實飽滿。

迷戀漫遊，嚮往異域的歌爾德蒙，在主教城逗留了三年，懷著深摯的愛在雕刻納爾齊斯的像。他總是選自己最樂意幹活和專心致志的時候去做，使這個他所熱愛的沉思者形象越

來越純粹地從木料中迎著他走來。在這樣做的時候他既不快樂，也不悲傷，既不知生之歡娛，也不知生之無常；在他心中，自己一度心甘情願地受納爾齊斯指導時的那種虔敬、明朗和單純的感覺又恢復了。

2007年6月4日

【序】誰曾經這般磨滅？

我為何寫作

　　白宇極兄決定不再更新博客（blog）的時候，我就想，我為什麼還要寫。後來跟美忠通電話，他也很久不寫了。我就建議，不如各自寫點東西，關於「我為何寫作」的話題。我一直在絮絮叨叨的寫，有些東西寫出來自己也看不下去。我就想，為什麼他們不寫了，為什麼我還寫。

　　很久之前，我也想過寫作對我意味著什麼，也許我曾經希望通過寫作獲得一點外在的東西。建博客之後，我開始覺得寫作是我最重要的表達方式，博客就是我發言的地方。除此之外我似乎沒有別的地方可以發言了。我也想過為什麼有的朋友寫得沒有我多，可能是因為，他們有更多的發言的機會和場合。有個朋友說，他是述而不作。

　　關於發言這一點，我賴以混飯吃的語文課堂都是我在發言，像說單口相聲。不過這個發言還是有所限制，比如語文課堂本身必然要負擔的一些東西。相對而言，更自由的空間，對我來說便是博客。

　　我最近把博客更新了一下，在「讀書寫字」前加了「黑暗時代」這個詞語。這個詞語是從阿倫特那裏借來的。胡說兄的博客引用了那句著名的話：「即使在最黑暗的時代，我們也

有權去期待一種啟明，這種啟明更多地來自一種不確定的、閃爍而又經常很微弱的光亮。」

我的嚴重感受是，我們生活在魯迅的雜文裏。我們不是生活在魯迅那個時代，那還是擁有相當自由的時代，我說我們是活在魯迅的雜文裏。因為魯迅的雜文，將中國特色的算計、陰謀、傾軋、折磨、扼殺集中了，顯現了，敞亮了，看著就如同是放大了，加粗了，歷歷在目，觸目驚心。

閱讀抵抗荒誕，是我很中意的一個標題。言說抵抗沉默，是郭初陽出版的第一本書的書名。行走反抗虛無，則是范美忠不知道何時會出版的自選文集的書名。這三個短語排列在一起很好看，其實說的都是相近的意思。閱讀和行走，對我們個人來說，意義是相近的，用這種方式，指向一個對我們造成擠壓的東西，虛無、荒誕，我看來都差不多。而言說抵抗沉默則更入世一些，相當於一個人擺脫了虛無感的纏繞，願意做一些具體實在的事情。

我呢？後來我想想，還就是從日常生活中獲得拯救。儘管我知道我終究不能獲得拯救，對於我這樣不在意自己的靈魂、從來沒有意識到過靈魂需要有個歸屬的人來說，寫作其實只是為了獲得內心一點點溫暖。或者這個問題轉換一下，假如我不寫作，我會如何？我想我肯定會沉入物質生活的深淵，只有物質生活，別無他物。因為只有物質，別無其他，不能得到靈魂的躍升，所以才稱之為深淵。

我很現實，我很無力，我只有寫作，多麼可憐。那一天我想到這一點的時候內心十分之悲涼，所以我明白卡夫卡為什麼要燒毀自己的著作，那都是一個失敗者的心靈痕跡啊。所以卡夫卡的全部作品，就是「失敗之書」。他或許原來就想寫一

部「沙之書」，這個人，他的一生，將名字寫在水上，可是鬼使神差，竟然卡夫卡就這麼留下來了，那麼多焦灼、惶惑、挫敗、虛無⋯⋯

　　白天，我做各種事情，具體的，就把自己忘掉。抱兒子，就全部沉浸在幸福之中。我理解為什麼有父母把孩子當作全部。但蔡從從要睡覺的，我還是會一個人面對書架，面對電腦螢幕，在背後空洞洞的書房裏。很多夜晚，這個問題就逼迫我。做什麼呢？在沙上，在水上寫字，寫過了，絕不留下痕跡。我年紀一年年大了，馬齒漸長啊。可能金錢、名氣什麼的，能夠給我一點安慰，自欺欺人麼，可問題是我還得面對我自己。有和沒有這些外在的東西沒什麼關係，因為無論如何最終我要回到自己最原初的地方，最赤裸的地方。這是逃不開的。

　　關於日常生活，馮友蘭有一個「覺解」的詞語，大意跟老僧學禪接近，學禪到了境界，儘管見山是山、見水是水，但因為理解不一樣了，意義也就不一樣了。我認為這是鬼話，我不信這個。無論如何死亡是最大的虛無，它存在著，而我是一個有自覺意志的生命，我知道向死而在。所以寫作毫無意義，而我只有寫作。

　　所以，需要「抵抗荒誕」。何為抵抗，抵抗這個詞語的言下之意其實是，我們被打敗了，擋不住了，我們還勉力抵擋。里爾克說，哪裏有勝利可言，挺住便是一切。我覺得里爾克說得也不對，挺住哪裏就會有一切？挺住是暫時的，虛無是永恆的，而我們唯有以文字自救。

因為你不知道我的憂傷

1、魏書生
——技術主義與權威人格的末路

魏書生，享其大名也久矣。

早在10年前讀師範時，給我們講教材教法的老師就張口閉口魏書生，簡直把他供在了神壇上。但在今年10月份之前，我卻沒有讀過他的一行字。這是因為，一直以來，我就對主流媒體大肆宣揚的、對一干人眾熱烈追捧的所謂大人物，抱有深刻的戒心。

今年10月，魏書生來到紹興，在子民電影院作了一次講座，上了一堂示範課。我有幸躬逢盛事，坐在電影院的一角，聽了一天。這一聽，我起了疑惑：一個在語文教學界舉足輕重的權威、一個令廣大中小學語文教師抬頭仰視的高山、一個對中國教育產生深遠影響的重量級人物，怎麼會是這麼一個人呢？於是我到網上，打開google，鍵入「魏書生」三字搜索，找到了4290個結果。我把網上能看到的魏書生的文章和別人評論魏書生的文章，基本上通讀了一遍，整體感覺只有一個詞：不忍卒讀。

如果光從魏書生的講座給我的感受而言，應該說，他是一個很本色的人。他的演講裏充滿了自豪與喜悅，充滿了樂觀知足的精神。他的語言也質樸風趣，帶著濃濃的東北二人傳的風格。這使我想起了同是東北人，同樣為群眾所喜聞樂見的趙本山。我覺得，魏書生和趙本山確有很多相似之處，比如，他

們都很聰明，言談舉止中也都充滿了成功的喜悅。有論者在談到趙本山時，說這個來自中國東北的聰明農民把全國人都逗樂了，也把自己逗樂了——他的高興是發自內心的，那代表一種勝利的喜悅。魏書生又何嘗不是如此呢？他1966年從瀋陽32中初中畢業，便失去了繼續升學的機會，1968年下鄉到盤錦地區當知識青年，以後主要憑個人奮鬥，才得到了今天的地位和聲譽。這之中的酸甜苦辣，也許只有他自己清楚。他沒有理由不自豪、不喜悅。我想，如果做普通朋友，魏書生或者是一個很可以親近的人吧。可現在，他竟然被捧為了語文教育界的權威，真讓人有一種莫名其妙的感覺，而這不也是語文教育界的悲哀嗎？

一、魏書生知識結構的致命缺陷

魏書生知識結構的致命缺陷，決定了他不可能是一個現代意義上的合格的語文教師。

先說一下一個合格的語文教師應該具有的素質。

按照對「語文」這門學科最普通的理解，「語文」包含著三個層次：語言與文字、語言與文學，以及語言與文化。這裏，我以為語言文字更偏向於語文的工具性，而文學與文化則更偏向於語文的人文性。教育界一直爭執不休的問題是語文教育到底應該偏重於哪一方，殊不知語文的工具性和人文性，恰恰是一枚硬幣的兩面，誰也少不了誰，忽視哪一方都是不對的。所以一個合格的語文老師，他應該兼顧這兩面——他自然會注重訓練學生熟練掌握運用母語的能力，但更要緊的，他還

應該是一個理解文學之美的人，他能夠引導學生在文學的詩性世界裏徜徉，他能指導學生充分領略母語所創造的文學世界是多麼美妙。如果語文教育不能給學生以美的享受，不能引導學生進入文學藝術的世界，無論如何都是不完滿的。學者摩羅就一再呼籲出現「文學教師」，能夠「用他的詩性感悟照徹這些知識和現象」，也就是說，一個合格的語文老師，他應該懂得文學。

但在魏書生那裏，文學之美基本上是缺席的，更遑論藝術與思想。他的那一套，只是為應試教育而發明的授課技術，其目的指歸，只在於考試分數。什麼詩意、什麼美感，統統毫無蹤影。

他發明的「六步教學法」、「『學導式』教學法」，基本上跟文學不相干。只有「情景教學法」似乎照顧到了對學生的審美教育。在闡述「情景教學法」時，魏書生舉了教杜甫「絕句」這個例子：

……教學時，根據這首詩的每一行寫一個景色的特點，創設出形象鮮明、色彩鮮豔、富於美感的投影片。這幅圖的景象是：兩個黃鶴在翠綠的柳林枝頭上鳴叫；一行白鷺正在蔚藍的天空中飛翔；依窗可以看見西嶺常年不化的積雪；門外停泊著要到萬里之外東吳去的船隻……同時播放「絕句」的配樂詩朗誦錄音。隨著悠揚的樂曲聲，又操作黃鶴在柳林枝頭歡歌跳躍和一行白鷺飛上藍天的複合片。這樣化靜為動，化虛為實，學生仿佛置身於美麗的草堂，感受到課文所描寫的情景。

看來還不錯，一個優美的畫面似乎出現了。但讓我們再看看他對「情景教學法」的解釋吧：

採用情景教學是否會削弱「雙基」教學呢？我的體會是：運用得當，更有利於進行字、行、句、篇的教學和聽、說、讀、寫的訓練，特別是在古典文學作品的教學中收效尤甚，關鍵在於教師精心設計畫面，備好情景教學課，切忌粗製濫用，或畫蛇添足。

我遺憾地看到，魏書生在這裏對詩歌所營造的美麗畫面的描述，僅僅是一種手段而已，其目的，還是為了所謂的「雙基」教學，歸根究柢就是為了考試要用到的基礎知識。而作為語文教學本體之一的、作為目的本身的審美教育，在他這裏根本就變味了。審美是人存在的本質之一，是人類實現自我發展需要的重要途徑。對這首詩歌的閱讀教學而言，並不能僅僅局限於單向的教師向學生的灌輸——教師描繪圖畫，學生被動接受。學生由於生活經驗、情感經歷各異，對詩歌自然會有自己獨特的領悟與闡釋，從而在某些方面與作者「相遇」。所謂審美教育，就是要充分顧及個體的多樣性，所謂「參差多態，才是幸福的本源」，可是魏書生認識不到。魏書生曾在各種場合大談他一個學期不上幾堂課，學生考試成績照樣優異。我理解魏書生這種可笑的沾沾自喜，但恰巧在這裏卻照見了他目光的短淺，也照見了他知識結構中存在的重大缺陷——不懂文學，不懂審美。在我目力所及的範圍內，他從未有一篇文章談到文學，談到文學之美。什麼西方現代派文學，什麼中國當代文學，統統在他的視野之外。我不是說語文教師必須是一個有深度的文學研究者，這太奢侈，可是，一個對文學基本無知的語文教師，難道就可以成為語文教育界的權威嗎？

活生生的，撞擊著我們的心靈、拷問著我們的靈魂的文字，魏書生感受不到，而那些矯情、虛偽、應景而作的文

章，比如吳伯簫寫於「三年自然災害」期間的〈菜園小記〉一文，明明是一篇粉飾太平之作，卻被魏書生當作經典，講得津津有味。劉少奇在困難時期尚未過去的1961年5月31日的中央工作會議上就已經指出：「這幾年發生的問題，到底主要是由於天災呢，還是由於我們工作中間的缺點錯誤呢？湖南農民有一句話，他們說是『三分天災，七分人禍』。」由此可見，吳伯簫此文，實在是和楊朔的〈荔枝蜜〉和〈茶花賦〉等應景的文章一樣，而魏書生卻不分青紅皂白，拿來就往自己既成的教學法上套。在這裏我倒想問一問，作為一個親身經歷過「三年自然災害」的語文老師，在上課之前，是不是先要在心裏對這篇課文有一個較為準確的評價呢？當然，還有一個可能，就是魏書生自己心裏跟明鏡似的，只是不敢說或不願說罷了。

照理說，作文教學也應該把審美作為一個重要方面吧，可是魏書生的作文教學也和他的閱讀教學如出一轍。他有一篇文章，叫做〈培養學生批改作文的能力〉，給學生定了這麼幾條批改標準：

1、格式是否正確；2、卷面是否整潔；3、錯別字幾個；4、有幾處病句；5、標點符號有幾處明顯錯誤；6、看文章的中心是否鮮明、集中；7、看文章的選材；8、看表達方式；9、看語言是否簡練、通順、準確。

作為應用文的教學，這個評價標準也許未嘗不可，畢竟語文還有工具性，而且，作文的基礎訓練也十分必要。可是，難道僅僅文從字順就是好作文了嗎？文無定法，或說理，或抒情，或敘事；可以偏重文學性，也可以偏重思想性。不過依照魏書生這麼「嚴謹」的作文教學法，「參差多態」恐怕是談不上了，學生寫出來的文章不像工業流水線的產

品也難。不說別的，就說文學性吧。法國當代哲學家德里達用「記憶與心靈」這個詞語來概括詩歌的特質，這意味著，作為一種精神現象，文學不僅僅是對母語的熟練運用，更重要的是文學還關乎靈魂，是心靈悸動的痕跡。離開了真實情感的自由表達，離開了對生命的真切感受，還有什麼文學可言？作文本是學生發揮想像力和創造性的地方，是學生豐富個性無拘無束的任意揮灑的自由空間。學生想像、虛構、創造的能力應該得到教師最大的鼓勵，而學生自身在充分發揮想像力、釋放創造力的同時，也將獲得藝術的極大滿足。可是在魏書生那裏，寫作卻淪落到類似於某種「手藝」的地步。魏書生說他的班作文成績在全縣遙遙領先，難道這就那麼值得驕傲嗎？我以為，一則，現行的作文評價機制存在的問題很大；二則，魏書生這一套寫作教學技術，完全是為應試量身定做。既然寫作訓練形成了一套規範，學生自然可以沿著這個套路照葫蘆畫瓢，進行「八股文」式的機械訓練，正如初中課文〈賣油翁〉裏的話：「此無他，唯手熟爾！」這樣的作文教學，「政治掛帥」在所難免，「主題先行」暗含其中，我們從中看不到情感的主體，看不到思想的閃光，感受不到心靈真實的脈動！

　　自然，知識結構的缺陷不是魏書生主觀上願意有的，弔詭的是，這種缺陷恰恰也不是魏書生自己想消除就能夠消除的。一般來說，一個人青少年時代的閱讀，往往能影響到這個人的人格結構、知識視野、思想深度，會影響到這個人今後的人生發展。也就是說，這一時期所奠定的閱讀基礎，很大程度上制約著他的思想能夠達到的深度和廣度。魏書生所生長的那個知識生態極其惡劣的時代與環境，某種程度上決定了他只能達到現在這個知識積累的高度。

我不否認魏書生的勤奮。他在演講中不斷地說：「學習是生命的支柱。我不斷地學習科學文化知識，學習古今中外教育教學理論與實踐，學習與教書、育人、教育管理有關的知識和方法，學習國內外教育改革與發展的經驗。掌握國內外教育發展動態，等等。」他還說他是「邊教邊研究」，「看了贊科夫『最近發展區』的理論；看了巴班斯基教學過程最優化的理論；看了蘇霍姆林斯基〈給教師的100條建議〉；再看美國教育家杜威『兒童中心』的理論；布魯納的課程結構理論；布盧姆的教育目標分類理論；再看捷克、法國、英國、瑞士等國教育家的主張和咱們中國自己的教育家孔子、墨子、孟子、朱熹、梁啟超、陶行知、葉聖陶的教育理論……」但我卻沒有在魏書生對自己教育思想的表述和其教育實踐中看到那些自西方文藝復興以來高揚的人文精神的一絲一縷，沒有看到那些普適於全人類的高貴精神成果的燭照。這恰恰就是魏書生知識結構的致命性缺陷，也即他的命門所在。儘管魏書生主觀上很努力，可終究左支右絀，無法突破他自己狹窄的技術主義的繭殼。據說每一個人都只能看到他願意看到的東西，魏書生從這些著作裏也只能看到他能夠看到的東西。他缺乏超越於功利之上的人文關懷，缺乏站高望遠的知識視野，缺乏對教育作為必要的烏托邦的切身理解，而只能成為一個對應試教育服服貼貼，對教學大綱亦步亦趨，惟技術論的、匠氣十足的語文教師。

上海的一位語文特級教師程紅兵說語文教師需要「補鈣」，意思是說語文教師「首先要成為一名大寫的人，然後才能成為一名優秀的知識份子，最後成為一名優秀的語文教育家」。依我看，魏書生離「優秀的知識份子」這一要求還遠得很呢！他是中國語文教育界第一個需要補鈣的人！

二、魏書生教育理念的根本性偏差

王國維在〈奏定經學科大學文學科大學章程書後〉中寫道:「今日之奏定學校章程,……其根本之誤何在?曰:在缺哲學一科而已。……夫人類豈徒為利用而生活者哉?人於生活之欲外,有知識焉,有感情焉。感情之最高之滿足,必求之文學、美術,知識之最高之滿足,必求諸哲學。叔本華所以稱人為形而上學的動物,而有形而上學的需要者,為此故也。故無論古今東西,其國民之文化苟達一定之程度者,無不有一種之哲學。」而魏書生的又一個重大問題,就在於他沒有一個扎實的哲學基礎作支撐。更明確地說,他所擁有的哲學,只是一種浮淺的工具主義哲學;他身體力行的,依然是傳統的經世致用那一套。

在〈教師的三重收穫〉一文裏,魏書生透露了自己的人才觀,他說:「看到自己培養的人才在工、農、商、學、兵各條戰線上做著實實在在的貢獻,哪一位教師能不感覺到幸福、自豪呢?」我不敢說這種思想是不崇高的,其實這種思想也深深地紮根在很多教師的腦海裏——他們甘於清貧、默默無聞,在教育教學第一線任勞任怨地奉獻著自己的一生,而魏書生的不同只在於他成就了大名而已。我真不忍心指出,在我們很多人的腦子裏,其實仍舊只是把人當作工具,無論是建設國家抑或是服務人民。因為我們沒有認識到,人的自由發展才是我們教育的目的,是本質。

這種工具主義思想的根系存在於我們的傳統哲學裏。李澤厚用「實用理性」這四個字，來概括孔子的哲學，被稱為「現代孔夫子」的魏書生，自然也逃不出這一樊籠。老祖宗孔夫子說「學而優則仕」，從這裏我們可以看出，學習並不是為了求真知，不是一種如羅素所說的「單純的樂趣」，而是成了干君王，求利祿的工具。而教育的目標也從來就不曾鎖定人的自由發展，只是為了訓練「在工、農、商、學、兵各條戰線上做著實實在在的貢獻」的工具而已。這和賺錢的工具、光宗耀祖的手段，又有什麼根本性的區別呢？

當然，魏書生也講過要注意發展學生的個性。他說：

豐富多彩的世界，培育了人們豐富多彩的個性。社會的豐富多彩也需要人們具有多種多樣的個性。國家需要我們現在培養的學生80%以上將要成為高素質的各行各業的工作者、勞動者。這樣想來，我們就能尊重學生的個性，發展他們的特長，就不必逼著100%的學生都去按統一的模式進行高難度訓練了。……同學們都應該從自己的特長出發，通過不同的途徑，掌握盡可能多的語文知識，提高聽說讀寫的能力。

明眼人一下即可看出，魏書生其實是新瓶裝舊酒。他的名詞是新的，似乎符合最新教改潮流，但骨子裏的工具主義卻濤聲依舊。

以人為本這句話現在我們每個人都耳熟能詳，我以為，以人為本，首先要確立個體哲學。個體哲學的核心理念即人本身就是目的，不是手段，更不是工具。只有確立了個體哲學，以人為本的理念才能切切實實地貫徹到教育中。

正如一代有一代之文學，教育理念也應該隨著時代的發展而發展。在邁向市場經濟的道路上，個體哲學作為一個迫切

的、根本性的問題已經被提了出來，而魏書生對這一現代哲學命題，基本上可以說是無知。

魏書生的教育理念無法達到個體哲學的深度，也和當下提倡的、迫在眉睫必須實行的公民教育相矛盾。換句話說，魏書生所培養的，依舊只是臣民和順民。別人橫眉立目威逼學生服從，魏書生只不過換了一副好言相勸，躬親「納諫」的面具而已，比如魏書生常在講演中談到他的管理經驗——

全員參與，相互制衡。在我的班中，學生人人都是管理者，人人又都是被管理者，管理因時而動，權力彼此制約，而教師則處在一個駕馭、服務的位置上。如此管理，教師如何不輕鬆？

我們一再呼喚師生平等，魏書生似乎也在講平等，可是這種管理方式的實質，恰恰就是「古聖先王」的「無為而治」。試想一下，當一個班級都是管理者，而同時又都是被管理者的時候，當這些管理者上面還有一個類似於「明主」的班主任的時候，會出現什麼結果呢？我想最終只有一種，就是人人自危，因為到處都充滿了潛在的告密者。魏書生沾沾自喜的班級管理方法確實能夠使班級聽話，可惜培養的卻是不敢越雷池一步的順民。我們講教育首要的和最終的目標是教會學生如何做人，這裏講的「人」不是「臣民」、「順民」，而是現代國家的「公民」。

什麼是公民？政治學大師羅爾斯說：公民就是指「那些從事合作的人們」。更進一步說，就是那些「在一個社會合作體系裏面」從事合作的人。而公民社會就是：如何在那些合作的人們之間，建立一個「秩序良好的社會」。中國的公民社會發育得極其不成熟，民眾既不知道自己享有哪些權利，也不願

承擔自己的義務，更缺乏社會責任感。而市場經濟卻呼喚出現一個公民社會，在這個公民社會裏，其基本的價值取向是平等。獨立的個體，是公民社會最基本的組成單位。學者叢日雲指出：「對於尚未實現民主化的國家，公民教育的目的主要是使公民實現由權威主義人格向民主人格的轉變，包括樹立民主理想和價值觀，養成民主的態度和行為方式，學會行使民主權利，從而推動民主化進程的起步和順利完成。」

我不由得想起了魏書生的一段話。那是1991年，魏書生到拉薩，連作了三天半報告之後，終於有了看一看市容的機會，他寫道：

站在大昭寺面前我有一種心靈被震撼的感覺，怎麼呢？大昭寺門前廣場上一大片磕長頭的人。……那一片人每個人都是額頭著地、鼻子著地，手「嘩」地全部撲在地上了，那叫五體投地。……我覺得老佛爺真有一套，連面兒都不露，就把信徒們征服到這樣的程度，你說，咱們教書的天天和學生打交道，講的還是真理，怎麼就不能讓他們使勁信呢？

據說，這段文字「無意間透露了他對語文『教學』的體認」。我則再一次悲哀地發現，魏書生的內心深處，就是權威主義的人格在作祟。魏書生從教的技術手段越是花樣迭出、越是無所不用其極，則其培養臣民、順民的效果就越顯著。

一個變革大潮湧動的偉大時代，人們熱切呼喚英雄，可惜上台的卻多是平庸之輩。教育界的現狀是，荒涼已從內部升起，這使我以及我周圍一些仍未喪失思考能力的朋友，早已把「教育家」、「名師」等稱呼，看成是一個不折不扣的貶義詞。

德國思想家伯爾指出：「如果說文學研究還有什麼意義的話，那麼它一定要填補水銀柱上的空白，要使人為的、或者

是基於自我矇騙的、似乎是現實的燥熱冷卻下來，對其進行重
新整理，創造新的比例。」我願意把這句話獻給中學語文教育
界，自然也包括我自己。

2004年1月

2、「異形」
——談「教育產業化」

教育的問題千頭萬緒，我今天只選擇一點。以本地為例，看看「教育產業化」是如何成為「異形」的。

5年前，本地的教育局局長來敝中學講話，表示要堅定不移的推進教育產業化，並且以周邊一個縣級市為例，表揚他們辦高中，每年賺了不少錢。

怎麼玩呢？

本地的教育局是這麼操作的。比如，本年度中考應屆生為1萬人，那麼根據各校招生規模，劃出一個分數線，比如前1,000名為公費生，1,000名之後，便是自費生。公費生只要交尚可接受的學費，而自費生讀高中，必須在學費之外，另加收一筆巨額的款項。省一級重點中學，這個要繳納的數字是2.5萬，其他普通高中，這個數字是1.5萬。於是，每年9月，每個普通高中光是這筆錢，就數以百萬，乃至千萬計。敝校忝為省一級重點中學，一屆14個班，計800名左右的學生，其中公費招收的，不足一半。也即是說，有超過400人，交了這2.5萬元的入學費。

應該說，近年來，城市中學裏的硬體設備的確好了很多，圖書館、資訊中心、體育館等，給學生創造了前所未有的良好條件。我從教11年，親眼目睹，學校硬體設備大幅度改善，乃是在推行「教育產業化」之後。教師的收入也較以前有

了極大提高。可以看到，這個所謂的「教育產業化」，的確帶來了眼前利益——校舍都是新的。因為收入提高，以及社會就業壓力，教師這一職業的社會地位也得到了極大的提高。任何一個教育局的領導，他必然有成就感，儼然他帶來了師道尊嚴的恢復，帶來了教育繁榮的春天。

但問題就在這裏，民眾為了子女讀高中，為什麼要交這2.5萬元，或者1.5萬元？

普通民眾作為納稅人，他已經用納稅的方式，盡了他對社會、對教育的義務。比如，我們所交納的增值稅、營業稅、消費稅等稅種之中，一定有一筆開支，叫做「教育費附加」。今年這個稅費裏面，又增添了一種，叫做「地方教育費附加」，我去稅務局開發票時，親眼看見過這個稅種，記得「教育費附加」的數額是2%，「地方教育費附加」的數額是3%。而據稅務所朋友講，這個收費，是幫教育局代收的。

也即是說，人民已經用納稅的方式，完成了他對社會教育事業的投入，那麼，現在為什麼還要為子女的入學交一筆額外的錢呢？這不是重複收費嗎？但這就是官員們認為的「教育產業化」，他們將教育當作一種稀缺資源，而讓普通民眾重複買單。民眾當然不滿意，因為他們作為納稅人，已經有了對教育的投入，可是胳膊擰不過大腿。官員不必說了，普通教師也多因為自身便是這一政策的受惠者，而不願意說話，甚至有以「尊師重教」為藉口而視為理所當然的。

這一政策的出台，深層次的原因，便是政府對教育的投資不足。據資料顯示，中國國家對教育的投資，從來沒有達到聯合國教科文組織規定的國民生產總值的4%。一個流傳廣泛

的說法指出，聯合國教科文組織官員曾說，中國在教育投資方面，甚至不如烏干達。而教育必然需要投資，於是轉嫁於人。

這個所謂的「教育產業化」的政策，還有一個冠冕堂皇的理由——高中階段，不屬於義務教育階段。似乎這樣便可以將之作為稀缺資源，待價而沽。但我們必須認識到，這個買單者，應該是國家，而不是普通民眾，因為普通民眾已經用納稅的方式投資了。

據統計，10年來，高等教育的收費，漲了25倍，這個漲幅是居民收入漲幅的近10倍（《市民》2007年2月號）。大學巨額的學費已經造成了很多貧困生，現在看來，中學階段也正在造成貧困。本地有「教育券」制度，每年有若干享受教育券的學生可免除學費，但是享受的人數並不多，免除的款額比起2.5萬元來實在不算什麼，這種方式，我怎麼看，都覺得像強盜發善心。我以前有過一個狠話，有人說政府「黑社會化」，我認為這是侮辱黑社會，黑社會有自己的規則，所謂「盜亦有道」。當前地方政府對民眾的剝奪，通過兩條路徑，一是房地產的瘋狂漲價，另一個，就是「教育產業化」的高額收費。房子可以住的小一點，書，可以不讀嗎？畢竟，不讀書，更沒有未來。

那麼，義務教育階段又任何呢？何謂義務教育，我的理解是這樣的，讓適齡青少年入學，這是國家的義務。對適齡青少年而言，有接受教育的義務，但接受教育更是公民權利，中華人民共和國公民，有受教育的權利。今年部分地區開始推行免費義務教育，我對這一政策表示謹慎的歡迎。為什麼要謹慎，因為生財有道，各地各學校斂財的方式，可以看出國人無窮的想像力。

仍以本地為例。即便免去學費書費吧，可是初中生你要考高中的啊。本地初中，因為師資、地域、政府扶持等原因，考一級重點高中的升學率大相徑庭。而初中招生的方式，是劃片招生。也即，一個城市，劃為若干個學區，你戶籍在哪個學區，原則上便需進本學區的初中就讀。如果本學區的初中升學率不錯，那是運氣，要是本學區的初中不行，那麼，家長就產生了擇校的願望。若有門路，進好的初中的是可以的，只要你交一筆錢，叫做「擇校費」。這筆錢沒有明碼標價，需要面談，沒有文件規定，天知地知，去路不明，這是公開的祕密。於是本地名牌初中，因為要進來的人多，一個班多達70多人，而一些牌子不好的初中，一個班甚至只有30人。升學率高的中學自然賺得鉢滿盆滿。這是「教育產業化」的又一傑作。

甚至小學也是如此，因為劃片招生而產生無窮貓膩。本地最好的小學以某大文豪命名，門庭若市，家長甚至哭著喊著要交「擇校費」──你沒門路甚至交不進去。二十年目睹之怪現狀，於今為烈。

正本清源，什麼叫「教育產業化」？我想，教育產業化絕不是厚顏無恥的向老百姓伸手要錢。蕭雪慧〈南橘北枳的「教育產業化」〉一文，可為參照。引一段最能說明何為「教育產業化」的文字在下面：

「近幾十年世界上一些著名大學進行了教育產業化的嘗試。但這種嘗試是在堅守傳統的大學理念和辦學目的的前提下拓展大學的社會作用，是基於『不抱著過去的成就向後看，而是創造未來向前看』的雄心充分利用大學所具有的智力優勢，去參與解決更多的問題，去使大學對國家的經濟發展、工

業佈局和提高所在地區聲望作出貢獻。為此，斯坦福大學開闢了工業園，使自己的教學、科研成就與工業園的發展雙向互動，彼此推進，把一個昔日只產水果的園區變成世界一流的技術和知識密集型工業開發區，這就是世界著名的矽谷科學工業園。矽谷不僅是美國最大的製造中心之一，還因其對科學、技術人才的巨大需要，使全美尖端技術工業中，每5個新的就業人員中就有一個在矽谷，所以，也為斯坦福大學的畢業生提供了大量就業機會。」

蕭雪慧引羅伯托・卡內羅的話，「學校不能再成為使人類休戚相關的脆弱聯繫化為烏有的不可抗拒的經濟力量的一個簡單組成部分」，真是一針見血，切中時弊！

台灣學者不太提「教育產業化」這個詞語，他們說的是「產學合作」。相比而言，台灣的說法比較清晰，不容易成為某些人、某些部門向老百姓重複要錢的藉口。台灣教授湯堯在《大學學問大》一書中指出，所謂產學合作，便是用高校的科研優勢，引領世界經濟的發展。這跟我們作為斂財藉口的所謂「教育產業化」，根本就是風馬牛不相及的事啊。

2005年初看到一組「最震撼國人的N張圖片」，其中一張是一個老人手舉標牌，獨自抗議，上書：任何學校都不能以學生為賺錢對象，沒有哪個國家把學生作為商品和財源來榨取的。

悲壯，亦淒涼。

【第一輯】因為你不知道我的憂傷

3、我夢想一種高考的聯邦主義

　　某一日，我在歷數統一高考的不公正的時候，有一位同學站起來反駁我說：一，當前，高考相對於這個社會，還是擁有最大公正的地方，還是具有相當的公信力的。二，高考存在是有理由的，因為國家必然要有一種選拔人才的機制，現在看來，還沒有一種比高考更好的機制。

　　這位同學的思考固然值得肯定。不過，這兩點看法，還是慣常的謬見，很多人都持這樣的觀點。我早就打算批駁一下。

　　首先，關於「相對公正」這個詞語，我一直是不以為然的。要麼就是公正，要麼就是沒有公正，什麼叫「相對公正」？相對公正這個詞語已經先在的承認了高考過程中確有不公正存在，這就是五十步與一百步的關係，本質還是不公正。

　　一般我們說，辦一件事情，想要有公信力，必然要本著公平、公正、公開的原則，高考這件事，恰好跟這三點相反，所謂「不公平、不公正、不公開」是也。

　　有人說考試面前人人平等，這就是高考的公平所在。看似有理，其實是蠻橫無理。我想我們每個人都會承認一個基本原則，這就是多元智慧理論。每個人的身體結構、大腦構成都不一樣，每個人的情感經歷、智力發育也不一樣，這就是多元智慧的一個依據。每個人的擅長並不一致，具有個體差異，正所謂世界上沒有兩片相同的樹葉。有人擅長考試，有人擅長實驗操作；有人擅長筆試，有人擅長面試；有人擅長書面表

達，有人擅長口頭表達⋯⋯不一而足。現在為了節省成本，或者另外的原因，將一切不同的豐富多彩的個性和不同的擅長化約為一場整齊劃一統江山的書面考試，還說這是考試面前人人平等，這根本就是胡說八道。人的豐富性被抹殺了，人多姿多彩的生活被取消了，人的多元智慧被簡單化為一場考試，一切都化約為一個單調的枯燥的分數！難道我們不是萬物之靈長，而是數位二進位制的電腦嗎？

考試，對那些自認為擅長考試並且自動選擇考試的人，才談得上公平兩字——這是他們自己的選擇。現在強加於每個個體身上，非但是不公平，而且是不人道。人道主義的基本原則，要求以人為本，尊重每一個個體的差異。人的特性，乃是目的本身，這是最基本的一點。統一考試之下，可有人顧及到了個體差異？呼喚教育公平的人們，我尊敬他們，但我不能容忍他們依然將高考視為具有相對最大公平的所在。我認為，在人道主義稀缺的當下中國，高考正是不人道的一個範本。因為取消了人生的豐富性，便是取消了人生的全部價值和意義，我有時候甚至認為，這就是反人類罪啊！

從錄取方式來看，以上考試面前人人平等的原則，變為，在分數面前一律平等。但這次是真的平等嗎？當然不是，憑什麼考700分的可以霸佔優質的教育資源，而考出低分的不能享受？因為教育是國家公器，原則上每個納稅人都有權利享受這一公器。我的朋友無山有很好的表述，他說：兩種情況，一、如果教育作為國家壟斷行業，那就是應該歸入國民福利部分，人人都有資格享有，而不論分數高低，否則就不能稱其為國民福利。二、如果教育作為一種市場行為，那權力部門則應該放寬對民間資本的諸多限制，權力部門退出壟斷體制而

僅僅享有監督的權力，剩下的由大家公平競爭。（無山〈一分天堂，一分地獄〉）

不公平，也不公正。這種不公正，表現在考試本身，也表現在招生過程中。其中有一個資訊不對稱的原因。從城市和鄉村，從重點中學和非重點中學，這條資訊不對稱的鴻溝到處都在。即便從道德角度講，我亦認為，覆巢之下，焉有完卵，整個社會已經跌入道德風尚的低谷，怎麼可能單單高考還保有最大程度的純潔？個體道德，是不具有公信力的。

我從不對高考的公正抱多大希望，因而也便沒有什麼失望。每次高三結束，我都跟他們說，畢業了，各自逃命去吧。我們不是要有某種遠大前程，僅僅是逃命。從社會底層，花十幾年時間，坐到他們面前喝一杯咖啡，已經覺得是了不起的成就。因為社會資源被一種個體無法抗拒的強力壟斷了，你要在這樣的縫隙中逃命，確實不容易。蛇有蛇路，蟹有蟹路，只要你尋到自己的道路。

至於公開這個詞語，這是一個笑話。高考何曾公開？有哪一個學生最後拿到過自己的高考卷？既然不公開，我們就無法相信從改卷到結分，有嚴格的公平原則。即便這個黑箱子裏盛滿了正義和公理，因為不曾公開於光天化日之下，我有權認為裏面充滿著貓膩，否則，為何不給我看呢？

今年安徽高考結分出錯，便是一個豈有此理的鬧劇。有人說，這簡直是兒戲！天哪，你錯了，這不是兒戲，這是成人劇，也是全國上下一個縮影。因為我們不知道裏面發生了什麼，我們也不知道究竟怎麼會有這樣一個結果。我們莫明其妙被告知，你必須相信一個你沒有見過的東西的公正。呵呵，這

不是拿我們當猴刷？這一事件，不能用偶然事件來搪塞，而是一個整體的隱喻。

綜上所述，高考不公平、不公正、不公開，因而也不具有公信力。那麼，國家是否還要依照這一制度選拔人才呢？

這裏有一個問題耐人尋味。即，你所謂的「國家」到底是指什麼東西？是指一個政府嗎？還是一個黨派專政？還是一種因為文化而聚集的一個地域的整體？所以在談論這個問題前，首先必須區分，你說的國家到底是誰。因為在很長一段時間裏，「朕即國家」，那麼，你學好文武藝，必然只有賣與帝王家。帝王挾考試以號令天下，是為科舉，於是，天下讀書人，盡入其彀中。讀書人沒有第二條出路，除非在元朝，沒科舉，關漢卿王實甫只好去寫下三濫的為君子不齒的俚俗戲曲。如果高考真是為這樣的「國家」選拔人才，那麼，高考跟科舉，跟徵召制，跟工農兵大學生推薦制，沒有什麼區別。在這個時候，你的身體都是國家的，你必然只能成為「茂才」，只有這麼一條路，等待著國家的選擇與臨幸，個體沒有價值可言，個體的意義只能附著在「朕即國家」身上。但這是國家的意義，而非個體的意義。只有在這樣的情況下，才會出現「懷才不遇」這樣的心態，比如屈原的牢騷，比如柳宗元被貶官永州時的尖酸刻薄。如果我們的統一高考還在為這樣一個所謂的國家「選拔人才」，毋寧叫做，我們在為當權者選拔奴才。

還有一種可能，即，這裏所謂國家，乃是指自由人的聯合。那麼，在這種情況下又如何呢？我想，如果個體是自由的，他便有權安排自己的生活，他不再是別人手中的一件「行貨」，那麼，他可以自由選擇自己的職業。他可以聽憑自

己的意願，自由的成為一個流浪漢；可以自由的成為一個皮匠；可以自由的種地；自由的遊手好閒；可以自由的做他任何不違法約法的事情。那麼，統一高考還有何用？這個社會有足夠的寬容度，來聽任你多元智慧的自由發展。如果要讀大學，那也是你自由的選擇，你可以參加入學測試，但我相信，這個時候，絕對不再有全國統一的高考。因為自由人的聯合，它立國之本，便在於尊重個體的多樣性，理論上提供所有人的自由發展的路徑。統一高考，帶來統一教材，帶來統一思想，這跟自由人的聯合的核心價值背道而馳。

我夢想有一種「高考」的聯邦主義，各邦或云各地，因為對某種價值追求的共同信守而得以聯合。這個時候，「高考」不再統一命題，但「高考」統一在對人類不可讓度的自由權利的最深刻的認同之上。

4、經典何妨無厘頭？

　　中學生讀古代經典，不能說沒用，憤激如魯迅，說，索性不讀中國書。那也是憤激之語，魯迅自己，是一個古書讀爛了的人。關鍵在於，我們當代人究竟應該如何讀經典。

　　我們的時代，處在一個走向現代化的進程之中。此現代化，按崔衛平的說法，主要指文化的現代性。實現文化的現代性，崔衛平引用錢永祥的說法，需要「肯定理性、肯定個體、肯定平等、肯定多元」。對待中國古代典籍，我以為也須建立在這個文化背景之下。古代經典，是我們的文化源流，但憤激如魯迅，卻認為古代經典也充滿了「毒氣」和「鬼氣」。我想借用韋伯說的「祛魅」一詞，在這裏，便是指，不應再有一種權威的詮釋，不容置疑地壟斷我們對古代典籍的理解。也即是說，我們每個人有權對典籍作出自己的解釋。這樣，古代典籍是否會煥發新的生命力？林毓生有過一個比較準確的說法，叫做「中國文化的創造性轉化」。轉化的關鍵在於「創造性」，這是我們能夠大展身手的地方。

　　作為一名中學教師，我面對的中學生，是怎樣一個群體呢。借用羅大佑的一句歌詞，他們是E時代成長的「電腦兒童」。這個詞語並非貶義，目的在狀寫中學生生長的一個整體的社會環境。他們早已不在私塾讀四書五經，他們有更豐富的生活。但生在中國文化之中，他們先天便或多或少被這個文化所化，即便不讀經典，也難以逃脫所謂經典的影響。

不過，讀經典也要有姿態。我討厭那種一提起四書五經，就正襟危坐、道貌岸然的架勢。這種姿態導致一個後果，中學生一提起四書五經，就苦大仇深。教條化與概念化的闡釋，扼殺了中學生對典籍殘存的興趣。肯定多元，也便是允許中學生有讀或者不讀的自由，有按照自己的方式理解經典的自由。

而在我，當我必須在課堂面對古代典籍時，我首先想的便是遠離這種道貌岸然的姿勢。我想，比如孔子，他也是一個人，他離不開日常生活。理論是灰色的，而生活之樹常青。從《論語》的記錄看，孔子是一個有生活趣味的人，有血有肉的。他哀傷，頓足捶胸，因為顏回死了；他適性自得，因為能夠和幾個喜歡的孩子一起去吹吹風。孔子還是個大帥哥，因為他威而不猛，溫而厲。他充滿了理想，並且願意親身踐行，仁以為己任，死而後已。

我用自己的理解，隨意解讀孔子。因此課堂上常有笑聲，即便在解釋枯燥的說教。我不認為這是淺薄，或者媚俗，我認為這是生活本身。有一個學生後來跟我說，以前，他總以為孔老夫子是個不近人情的白鬍子老公公，聽了我的解讀之後，才發現孔子也是蠻可愛的。

對於孔子的一些價值理想，我儘量放在一個現代化的背景下來觀照，並不憚於指出孔子的局限。畢竟，孔子活在幾千年前，而我們的世界，按照弗里德曼的說法，已經變平了。我嘗試用經濟學和法學的視角，解讀一些孔子的言行。宗法社會的一些遺留，不應該再佔據中學生的心靈。個體、平等、多元，這些觀念，需要在一個中西文化比較的平台上，才能獲得有一定高度的認知。

現代中學生面對的世界比以往不知豐富了多少，但他們同樣面臨高考。從教育本身而言，很多中學生正在失去求知的快樂。在學校的過程，變成了奮鬥以求高分的苦難歷程。我很想讓他們重新獲得求知的快樂，這種快樂與滿足，是任何別的事物都不能替代的智慧的愉悅。無論讀傳統儒家經典，還是讀數理化，快樂是第一位的，誰也別想從我們手中奪去。我有一個確信，歷史發展，社會變革，目的是為了讓人更自由的發展，在有限的生命中體會到更多的快樂。羅素在《我為何而生》裏變講到，對知識的追求，是支撐他活下去的三大支柱之一。在歐洲人那裏，求知便跟飲酒宴會一樣，是人生樂趣之一。

我自己的求學經歷也說明了這一點，中學時通讀過朱熹注的《四書》，但是給我留下最深刻印象的，是台灣漫畫家蔡志忠的《漫畫論語》，那麼清新可喜，叫人一見鍾情。

【第一輯】因為你不知道我的憂傷

5、胡適之先生如何看待祭孔讀經

關於祭孔這件事，其實已經不用我來搬弄口舌了，胡適之先生早就有精闢的論斷。為了最近山東曲阜的祭孔典禮，為了最近浙江中學生必須讀《論語》這兩件事，我又去翻出《胡適文集》來看。感覺很悲涼，這麼多年過去了，我們面對的還是胡適曾經面對的老問題。歷史似乎沒有在這裏前進。

胡適有很多文章，談到「國學熱」，談到「祭孔」，比如〈論「六經」不夠作為領袖人才的來源〉，比如〈我們今日還不配讀經〉，比如〈寫在孔子誕辰紀念之後〉，比如〈讀經平議〉等等。讀了這些文章，便只要將胡適之先生的論述抄過來就是，都還能對症下藥，一針見血。

下面我們就來看看胡適之先生是怎麼說的。

〈我們今日還不配讀經〉一文，會叫人以為是針對目前的「讀經」熱特意而作的。這篇文章從傅斯年的觀點開始談。傅斯年當年在《大公報》發表文章談讀經，其中一段胡適認為「無一字不是事實」，我也全文照抄如下：「經過明末以來樸學之進步，我們今日應該充分感覺六經之難讀。漢儒之師說既不可恃，宋儒的臆想又不可憑，在今日只有妄人才敢說詩書全能瞭解。有聲音文字訓詁學訓練的人是深知「多聞闕疑」，「不知為不知」之重要性的。那麼，今日學校讀經，無異於拿些教師自己半懂不懂的東西給學生。……六經雖在專門家手裏也是半懂不懂的東西，一旦拿來給兒童，教者不是混沌

混過，便要自欺欺人。這樣的效用，究竟是有益於兒童的理智呢，或是他們的人格？」

這段話說得很明確，其實那些主張讀經的人，自己也對這個經典半懂不懂，如何拿來教人，豈不是誤人子弟？

於是胡適又引用王國維先生的說法：「《詩》《書》為人人誦習之書，然於六藝中最難讀。以弟之愚暗，於《書》所不能解者殆十之五；於《詩》，亦十之一二。此非獨弟所不能解也，漢魏以來諸大師未嘗不強為之說，然其說終不可通。以是知先儒亦不能解也。」（《觀堂集林》卷一，〈與友人論詩書中成語書〉）

王國維一代宗師，他這麼說恐怕未必僅僅是謙虛，或者還有學術的嚴謹。於是只說懂了一半，或者懂了十之一二，我們當代的袞袞諸公，當如之何？但我們畢竟時代進步了，工具和方法也必然有進步。於是胡適又說：「今日的工具和方法都比前人稍進步了，我們今日對於古經的瞭解的估計，也學比王國維先生的估計還要更小心一點，更謙卑一點。王先生說他對《詩經》不懂的有十之一二，對《尚書》有十之五。我們在今日，嚴格的估計，恐怕還不能有他那樣的樂觀。《尚書》在今日，我們恐怕還不敢說懂得了十之五。《詩經》的不懂部分，一定不止一二，恐怕要加到十之三四吧。這並不是因為我們比前人更笨，只是因為我們今日的標準更嚴格了。」

胡適在文末的論斷是：「在今日妄談讀經，或提倡中小學讀經，都是無知之談，不值得通人的一笑。」

〈寫在孔子誕辰紀念之後〉是直接針對祭孔的，不妨多引用幾段：

我們家鄉有句俗話說：「做戲無法，出個菩薩。」編戲的人遇到了無法轉變的情節，往往請出一個觀音菩薩來解圍救急。這兩年來，中國人受了外患的刺激，頗有點手忙腳亂的情形，也就不免走上了「做戲無法，出個菩薩」的一條路。

　　這種心理，在一般愚夫愚婦的行為上表現出來，是可憐而可恕的；但在一個現代政府的政令上表現出來，是可憐而不可恕的。現代政府的責任在於充分運用現代科學的正確知識，消極的防患除弊，積極的興利惠民。這都是一點一滴的工作，一尺一步的旅程，這裏面絕對沒有一條捷徑可以偷渡。然而我們觀察近年我們當政的領袖好像都不免有一種「做戲無法，出個菩薩」的心理，想尋求一條救國的捷徑，想用最簡易的方法做到一種復興的靈跡。最近政府忽然手忙腳亂的恢復了紀念孔子誕辰的典禮，很匆遽的頒佈了禮節的規定。八月二十七日，全國都奉命舉行了這個孔誕紀念的大典。在每年許多個先烈紀念日之中加上一個孔子誕辰的紀念日，本來不值得我們的詫異。然而政府中人說這是「倡導國民培養精神上之人格」的方法，輿論界的一位領袖也說：「有此一舉，誠足以奮起國民之精神，恢復民族的自信。」

　　難道世間真有這樣簡便的捷徑嗎？

　　胡適認為，近幾十年來的進步在於這幾個方面：

　　第一，帝制的推翻；第二，教育的革新；第三，家庭的變化。第四，社會風俗的改革。第五，政治組織的新試驗。

　　胡適說道：「這些都是毫無可疑的歷史事實，都是『最近二十年』中不曾借重孔夫子而居然做到的偉大的進步。革命的成功就是這些，維新的成績也就是這些。可憐無數維新志士，革命仁人，他們出了大力，冒了大險，替國家民族在

二三十年中做到了這樣超越前聖，凌駕百王的大進步，到頭來，被幾句死書迷了眼睛，見了黑旋風不認得是李逵，反倒唉聲歎氣，發思古之幽情，痛惜今之不如古，夢想從那『荊棘叢生，簷角傾斜』的大成殿裏抬出孔聖人來『衛我宗邦，保我族類！』這豈不是天下古今最可怪笑的愚笨嗎？」

胡適的結論是：「你們心眼裏最不滿意的現狀，——你們所咒詛的『人慾橫流，人禽無別』，——只是任何革命時代所不能避免的一點附產物而已。這種現狀的存在，只夠證明革命還沒有成功，進步還不夠。孔聖人是無法幫忙的，開倒車也絕不能引你們回到那個本來不存在的『美德造成的黃金世界』的！養個孩子還免不了肚痛，何況改造一個國家，何況改造一個文化？別灰心了，向前走罷！」

其實，說到底就是兩句話，第一句：孔子若能救中國，為什麼偏偏要等到21世紀來救？他在西元前就已經救了，再不濟，鴉片戰爭的時候救一下也好，焉用等到如今？第二句：超越挺拔之人格的養成，在古代誠然非孔子一人教化之功，在現代，「六經」更不能作為政治人物，乃至普通民眾的唯一道德標準。

胡適〈雜碎錄〉全文抄錄了湖南省政府主席兼追剿軍總司令何鍵致廣東當局主張讀經的「佳」電，以及袁世凱的祭孔令，堪為奇文，不過在當下重讀，也是有意義和價值的，目前很多主張讀經的人，他們的論據似乎跟何鍵與袁世凱有點接近呢。我費點時間，照抄下來。

何鍵的電文如下：

頃讀余子敬諸先生〈孔子教化與最近二十年的關係之窺測〉一文，深切嚴明，狂瀾砥柱，敬佩曷既！孔子

集列聖之大成，數千年來，禮教人倫，詩書典則，賴以不墜，教化所被，如日月麗天，無遠弗屆，有識同欽。雖後儒穿鑿附會，學昧本源，究無損於大道之光明。自胡適之倡導之所謂新文化運動，提出打倒孔家店口號，煽惑無知青年，而共產黨乘之，毀綱滅紀，率獸食人，民族美德，始掃地蕩盡。我政府懲前毖後，近特隆重禮孔，用端趨向。舉國上下，莫不翕然景從。獨胡氏懼其新文化領袖頭銜不保，復於《獨立評論》撰文，極詞醜詆，公然為共匪張目，謂其慷慨獻身，超越岳飛，文天祥及東林諸君子之上。喪心病狂，一至於此，可勝浩歎！據聞胡氏生平言論矛盾，教他人以廢棄文言，而其子弟，仍然讀經。如果屬實，則居心更不堪問。鍵身膺剿匪重任，深恐邪說披猖，動搖國本，故敢抒所感，以為同聲之應。甚願二三衛道之士，扶持正義，轉移劫運，無任禱企。何鍵叩，佳印。

袁世凱祀孔令如下：

中國數千年來，立國根本，在於道德。凡國家政治，家庭倫紀，社會風俗，無一非先聖學說發皇流衍。是以國有治亂，運有隆替，惟此孔子之道，亘古常新，與天無極。經明於漢，祀定於唐，俎豆馨香，為萬世師表，國紀民彝，賴以不墜。隋唐以後，科舉取士，人習空言，不求實踐，濡染醞釀，道德浸衰。近自國體變更，無識之徒誤解平等自由，逾越範圍，蕩然無

守，綱常淪斁，人慾橫流，幾成為土匪禽獸之國。幸天心厭亂，大難削平。而黌舍鞠為荊榛，鼓鐘委於草莽，使數千年崇拜孔子之心理缺而弗修，其何以固道德藩籬而維持不敝？本大總統躬行重任，早作夜思，以為政體雖取革新，而禮俗要保守。環球各國，各有所以立國之精神，秉諸先民，蒸為特性。中國服循聖道，自齊家治國平天下，無不本於修身。語其小者，不過庸德之行，庸言之謹，皆日用倫常所莫能外，如布帛菽粟之不可離。語其大者，則可以位天地，育萬物，為往聖繼絕學，為萬世開太平，苟有心知血氣之倫，胥在範圍曲成之內。故尊崇至聖，出於億兆景仰之誠，絕非提倡宗教之可比。前經政治會議決祀孔典禮，各地方孔廟由各該管長官主祀，用以表示人民，俾知國家以道德為重，群相興感，潛移默化，治進大同，本大總統有厚望焉。此令。

不知道我們後人，在讀這兩篇主張祭孔的文字的時候，有何感想。他們主張讀經的理由，胡適已經批的很多了，不再贅言。對何鍵的這種以辱罵代替學術爭論的行文方式，胡適是這樣評價的：「自從孟子罵楊墨為『禽獸』以來，多少自命『衛道君子』的人開口就『極詞醜詆』，毫不覺得慚愧。我們受過科學文明的洗禮的人是不會『醜詆』的。」胡適的高明，不僅在他對讀經祭孔事件的洞察明知上，還在於他的人格，他對學術爭論規範的恪守，確實是受到現代文明洗禮的。

　　不過，胡適有一點沒有提到，我想這是時代的原因，無損於胡適的偉大。胡適恐怕沒想到祭孔這件事，在我們當

前，很大程度上已經演變成為一種商業行為。在胡適的時代，祭孔更多是一次文化事件，當然目的是純粹政治性的。而今天就不一樣了，現在，祭祀孔子，在更大程度上，恐怕是為了推進當地旅遊產業。我這個不是瞎猜，本地因為是大禹治水遺跡所在地，是大禹陵墓所在地，因此本地也有政府出面組織的場面宏大的祭禹典禮。在本地的報紙上，總會有連篇累牘的報導，這些報導，首先會說，這是傳承文化，接著它就談到提高本地的國際知名度，推進本地旅遊產業的發達了。這也不錯，要是孔子、大禹什麼的，確實能為我們後人增加GDP，恐怕「先聖」泉下有知，也會含笑九泉。不過，還有一點，也需要指出，GDP這個詞語，我也不怎麼相信，最好的指標是恩格爾指數，根據聯合國糧農組織提出的標準，恩格爾係數在59%以上為貧困，50-59%為溫飽，40-50%為小康，30-40%為富裕，低於30%為最富裕。如果孔子他老人家，大禹他老人家，最後能降低我們的恩格爾指數，能使我們最終獲得免於匱乏的自由，那就好了。只是，這多數會是烏托之邦的夢想。

本文引用胡適論述，均來自人民文學出版社，
《胡適文集》第三卷，1998年12月北京第1版。

【第一輯】因為你不知道我的憂傷

6、《論語選讀》
——必修的選修課

早兩天參加市裏的新課程培訓，於是知道，我下半年教的高二，課本除了一本蘇教版的教材之外，還必須有一本《論語選讀》。就是說，高二上學期，除了必修的蘇教版教材，還有選修的《論語選讀》，兩本書必須學完。

這個事情叫我很納悶，覺得有一種第二十二條軍規般的詭異。既然是選修課，那該學生自己選吧，至少某個學校選，或者某個較小區域內選。現在，浙江省把我們的選修課規定了，整個浙江省都選修《論語選讀》。正在我納罕的當兒，前排同事老劉笑眯眯的回頭跟我說，這就叫——必修的選修課！

哦，真長見識！兄弟我最近忙於總務工作，倒把語文教學這個正事給忘了。

我猜，這大概是為了操作方便吧，全省教材不統一，如何全省統一高考命題？為了節省成本，統一給你「選修」一個，動起手來簡便多了。呵呵，這個理由似乎十分之充分，考慮到我們目前的高中教育機制，以及高考招生制度，確似沒有更好的辦法，要是你不統一，我們怎麼確定選拔的標準呢？但我想這個觀點，即便從操作本身講，也沒有充分的理由，民國時期教材也不統一，難道他們高校就找不到學生了？

毫無疑問，這種粗暴的方式侵害了我們學生的受教育權。也許學生想受到另一種教育，而非這一種教育呢？這也違反教育界官老爺口頭上說的「以人為本」的基本原則，人的豐富性被取消了，這就不但是侵犯教育權，並且是侵犯基本人權樂。嗯，馬上，全省高中生，就要背誦大段大段的論語，背到「不亦樂乎」了。

也沒事，以前全國教材都統一呢，我們不是都過來了嗎？現在這個新課程，至少，浙江跟北京不一樣了，這是不是進步？

但我要說，這不是進步，根本換湯不換藥，本質是一樣的。區別只在形式上，以前「大一統」，現在「小一統」，歸根究柢，還是教育行政部門，統一了我們的教材，教育行政部門，也即官方，「為民作主」，替我們安排好了一切，我們只要沿著這條被安排好的道路，齊步走，就成了。

教育，是不會給你選擇的自由的。我說了，我們目前這個時代，其制度安排，絲絲入扣，有機整合，牽一髮而動全機，怎麼可能給你這種「自由」，而不給你另一種「自由」？尤其是教育，百年大計，教育為本，這個話絕對不是口號，這個話有深刻的意義，他們絕對是「以教育為本」的，教育陣地的喪失，對他們而言，就是喪失了未來。某位老大說過「×××要從娃娃抓起」這樣的話，教育的意義，在他們看來，也許便在於「子孫帝王萬世之業也」。

由此，來看目前轟轟烈烈全面鋪開的「新課程」，其究竟是個什麼東西，不用再說了吧。不要以為，前面加了個「新」字，便天真的認為，春天來了，解凍。有人慣會搞文字遊戲，「新」中國成立了，「一唱雄雞天下白」了，這使我

一直有種誤解：那麼，1949年以前的「舊」中國，就長時間天色昏沉沉的，不太見得到太陽咯？

這個全省讀經事件，京城穿長袍讀經事件，總叫我想起軍閥割據時代，那時也這樣，軍閥們強制命令小朋友必須讀《論語》。胡適和魯迅，分歧很多，在這件事上，他們觀點倒是一致的，都明確反對。第一，反對強制與一統；第二，反對讀經。

從我本人看，我對《論語》本身並不反感，相反，我頗有一種文化的溫情。作為在傳統中長大的中國人，難免對儒釋道的傳統有一種不自覺的親近。這是文化符碼，是刻在中國人身上的印記，是我們辨認對方的標誌，「夷狄而入中國，則中國之」啊。

但溫情歸溫情，我們必須用一個現代人的眼光，來看待《論語》這本書。否則我們就是封建遺少。

辜鴻銘解釋「禮」這個詞語，說是「藝術」。這種態度不對，他太愛中國文化了，於是，什麼都是好的。這是偏心。

孔子這個人確有很多可愛的地方，不多言。但歸根到柢不能回避一個詞語，就是「等級」。孔子處心積慮，孜孜以求，維護的就是等級制。季氏八佾舞於庭，是可忍孰不可忍，孔子很生氣，就因為季氏僭越了他的家臣地位。你看孔老二他老人家，氣得不得了，他覺得這個制度崩潰了。可是這有什麼呢！

還是我以前提出一個詞語，「開放的保守主義者」，我們既然已經必須讀論語了，那怎麼讀，關鍵掌握在我們自己手中。

雖然我們被規定了教材，但課堂還在我們手裏，就看一線的中學教師，有沒有勇氣，有沒有能力，站在現代的制高點上，來審視《論語》，來帶給學生一個現代的視野。

六經注我開生面，七尺從天乞活埋。沒這麼嚴重。我以前教〈在北京大學紀念五四集會上的演講〉一課，枯燥乏味，語言乾癟，邏輯不通，毫無人情味，我愣是把這堂課搞得像周星馳的無厘頭電影，笑聲不絕。下課，隔壁班在聽數學課的老師過來問我：喂，現在的語文課，都這麼有趣嗎？

7、究竟誰在懷才不遇
——致我的學生朋友李

李同學你好：

　　你認為我對這個時代牢騷滿腹，你認為這是因為我覺得自己懷才不遇。很好。你代表了很大一部分人對我的看法，也代表了的一個習見的謬誤。

　　懷才不遇，這個詞語的言下之意，就是，我們作為一種「才」，就一定要有一個渴望，就是要被「遇」，被伯樂相中，被皇帝恩幸。所謂學好聖賢書，貨賣帝王家。用更文化的說法就是：學而優則仕。也就是說，「懷才不遇」這個詞語，其言下之意，就是我們將自己看作是一種待價而沽的商品，而不是一個有自己獨立的價值追求的個體，就像賈雨村那句詩：「玉在匣中求善價，釵於奩內待時飛。」

　　懷才不遇這一種情緒的存在，只有一個前提，就是，我們繼續生活在一個一元的社會。除了皇帝的餐桌，我們沒有別的地方可以獲得殘羹冷炙。所以，我們只能一次又一次的等待皇帝的恩幸。失望，盼望，失望，盼望，周而復始。這就是傳統讀書人的人格構造，是他們的宿命。

　　懷才不遇這種情緒同時也說明，這個人肯定認為自己不簡單，他應該是比別人高一個等級的，只不過時機未到而已。所以，有懷才不遇情緒存在的這個人身上，肯定有等級觀念存在。他抱有懷才不遇的情緒，就先在的認同了這個等級社

會，也先在的認為，他有權比一般的勞動者獲得更多的生活資源。但是我們是不是真的比別人更高等呢？莫非真如《動物莊園》裏說的，所有動物一律平等，但是有些動物更加平等？

我們在學習馬丁路德金《我有一個夢想》的時候一樣，我也說了我的夢想，那就是足球彩票中500萬，然後回家種地。當時大家都笑了，知道我在開玩笑。有同學就問，有了500萬，幹嗎還要回家種地。是的，習見的看法，有了500萬，就可以花差花差的瀟灑一下啦。這也是一個慣常的看法。所謂富貴不還鄉，如衣錦夜行。但這個說法其實只是一個比喻，意思只不過在說，我夢想能夠有較多的餘錢和餘暇來做自己樂意做的事情，比如自由地讀書、自由地看碟、自由地上網、自由地寫字、自由地表達。事實上我的夢想就是做這麼一個遊手好閒的人，這是否又會引起你們的哄笑？

如果一個人的夢想就是遊手好閒，那真的可笑嗎？當然你已經笑了，你覺得你的老師真是瘋了，說起這樣的大話。做一個普通人這樣的夢想，一般是那些矯情的明星說的呢。你也許就會問，你現在難道不是一個普通人嗎？你還以為你有多了不起。是的，我是一個普通人，但是我希望我能做一個普通的「公民」。

我希望能生活在一個公民社會，而不再被人目為臣民。在一個公民社會，價值的多元化，每個人都學會尊重別人的選擇。這樣，選擇做一個普通人，你還會嘲笑我嗎？不過，我說了這麼多，還不及傅國湧先生短短一段。他在〈生活之樹常青〉這個訪談裏說到：「今天的中國正面臨著前所未有的深刻的變革，我願意將做一個合格的群眾演員作為我的人生目標，將『做一個公民』作為最高的理想，做一個有尊嚴的

人，過一種人的生活，自由地思考、自由地寫作，始終保持獨立的批判，這是一個多麼美好的夢，假如能實現的話。」

　　既然如此，你說，我究竟是不是如你所想，因為自己身為一名默默無聞的中學教師感到懷才不遇，而牢騷滿腹呢？

　　最後，說說「牢騷」這個詞語。牢騷的根源僅僅在於其人覺得自己沒有得到應得的份額而已，可以這麼說，發「牢騷」從來只是向皇帝撒嬌，從而企圖獲得更多的生活資源而已，會叫的孩子多吃奶，牢騷是一種手段。

　　而我，只是想把自己看到的、想到的，真實的表達出來，並努力回到常識，如此而已。

8、我們現在如何做父親
——致我的學生朋友裘

魯迅有文章叫〈我們如何做父親〉，可以一看。你問我，我有這麼一些看法。

本來我不想要一個孩子，這個想法根深蒂固。幾個原因，一則基於對我們所處的時代的一個基本判斷，生在這樣的世界是悲慘的。一則我認為我個體生命的價值只須體現於我個體生命就夠了，我不想為除此以外的東西耗費我自己的生命。一則，確實，我覺得我不是一個當父親的料，當父親，也許意味著很多犧牲，我覺得我沒有準備好。還有別的一些原因。

具體到你所說的教育，充滿了欺騙，和不人道，也是其中一點。

現行教育體系就是一個思想格式化的工具，本來大家在上學之前，都長得像他自己，受了幾年教育之後，就不是人了。我的侄兒，在6歲的時候，看到「抗美援朝」的電影中王成大叫：向我開炮。他說，這個人這麼笨的。我聽完大叫「侄兒你真聰明」。因為，王成這句話裏面，包含了一種變態，而非常態。

可是他讀了一年級之後，就便成「我愛北京天安門」，和「五星紅旗，你是我的驕傲」了。就是說，他丟失了他的赤子之心，開始被這些意識形態的宏大敘事脅持。他會一直被

脅持，直到像你我的過去，直到像阿Q，誰造反，就是與他為難。

我相信你的父親在面對你的時候，肯定也有很多難以言說的東西。我能夠體會到這個。

比如，我們看到了真相，而你沒有看到，我們怎麼辦？你所描述的父親無言的場面，便是這個難以言說的場面。

當一個父親，首先他肯定想自己的孩子過上幸福生活。比如蘇東坡最有名的一句詩歌：唯願吾兒愚且直，無災無難到公卿。希望他到公卿，但是有一個前提，必須這個孩子「愚且直」。這個跟我以前的想法一致，我這麼表達：希望孩子能夠得到一種「單純的快樂」。但是這個想法被很多人反對，他們認為這種「單純的快樂」是無法達到的。在這個時代似乎只有兩種可能，一就是只停留在動物性的快活上，要想超越，那麼得到的就將是清醒的痛苦。

以前喜歡用一句話：人生識字憂患始。因為我就是這樣過來的。孔子說四十而不惑，我越來越接近四十歲了，可是越來越像個老憤青。當中學教師，一直以來的左右為難的困境也在這裏，跟我面對自己的孩子的時候，差不多。我希望你們快樂，但是我又希望你們清醒。而快樂和清醒，這兩者似乎不能得兼。

我最終選擇了什麼，你從課堂上自然可以知道。這也是我將來會面對我的孩子的姿態。我將儘量告訴他真實，呈現我自身的真實，也呈現我力所能見的真實。我們說過，要睜了眼看清這個時代的真相，光有勇氣還不夠，還要有思想力度。

不過孩子和成年人是不一樣的。這裏還有一個區分。當他是個孩子，我暫時打定的主意是，在我個人能力可以控制的

範圍內，給予這個孩子溺愛。無論多少溺愛都是不夠的，我知道，有很多我不能控制的無法預料的力量會給以這個孩子傷害，我很抱歉，我會痛苦。我只要一想到就會痛苦，比如，我們厭惡的考試；比如，陌生人的臉色；比如，我侄兒的數學老師抽打他手心的教鞭。我的痛苦就在於，我明明知道這一切都會發生，可是我提前就無能為力了。

有一天我認為他長大成人了，我打定主意，要跟他像朋友一樣交談問題，爭論。這類似於西方的電影分級制度，我的監護權，在成人這一年自動取消。當然也不是這麼涇渭分明，循序漸進，就意味著一切都是濡染的，叫做潛移默化。

以上所說，都建立在我對這個孩子的生命獨立的一個基本認定之上。也即，孩子，是他自己的，不是因為我像創世紀創造了他，他就是我私人財產。這跟我認為我是我自己的，同一個道理。

現在他剛滿月，我不知道他有沒有意識。晚上吃飽了奶，就睡覺，頭枕在我的手臂上，很安詳，夢中有時候愁眉不展，有時候咧嘴淺笑，叫我看啊看啊看不夠。

但是我總想，將來等待他的，不管是什麼樣的遭遇，這都是他自己的生命體驗。他將自己去體驗，他也只能自己去體驗。

9、課堂是另一重時空的旅行

　　每次進入課堂，我總是充滿了擔憂，又充滿了期待。

　　擔憂是因為課堂在很大程度上是一次通向未知的旅程，一次觀念的冒險。對一名教師而言，進入課堂，便開始了他不可確知的旅行。在45分鐘的線性發展不可逆轉的時間流中，充滿了不可預測。課堂是教師的另一重生活，有別於我們形而下的日常生活，但課堂又是教師的日常生活，每天，我們面臨著嶄新的旅程，有許多我們無法超越的困境，也有我們無法預料的驚喜。因之，課堂又彷彿一次對未知海域的探險，前景潛藏在神秘的幽暗之中，海妖塞壬的歌聲迷人心魄，我們需要一束智慧與勇氣的光照，才能使之敞亮。

　　面對未知，派克‧帕爾默在《教學勇氣》中所強調的恐懼，經常叫我內心警惕。當教師踏入課堂，對笨拙、貧乏的恐懼，便從心底上升。我們恐懼遭遇陌生的問題，恐懼難以收場，恐懼讓學生看穿自己無力幫助所有學生進行有效的學習，恐懼將自己的真實內心暴露在眾目睽睽之下。派克‧帕爾默認為，這是那種將內心分離，對純粹客觀知識的追求所導致的後果。帕爾默指出：儘管學術界聲稱重視多元認識途徑，其實只尊重一種認識途徑——一種以「脫離我們的自我」為代價，將我們帶入「真實」世界的「客觀」認識途徑。在這種文化中，客觀的事實被認為是純粹的，而主觀感受是需要懷

疑的，是有瑕疵的。在這種文化中，自我不是有待開發的資源，而是需要克服的障礙。

問題在於，如果我們離開了教師自身的生命體驗，課堂的生命何在？我總是充滿了擔憂，我的擔憂不在於無知和貧乏，而在於我的課堂會否成為死水一潭，再也引不起學生飛揚的生命感受，激烈的思想碰撞。帕爾默指出，應該回到我們每個人內在的力量，跟我們自身之外的種種力量聯合，義無反顧地一同去創造世界。我將之看作一種冒險，如懷特海稱之為「觀念的冒險」。冒險便是對未知的探求，是教師對自身有限性的認識和超越的努力。因為是冒險，教師便擺脫了全知全能的上帝身份，在課堂中不再是真理的唯一擁有者，而僅僅作為成員之一，置身於思想的風暴之中。教師自身的情感經驗和生命體悟進入課堂，作為認知的維度之一，與學生與文本鼎足而三，交相輝映。

因為課堂是冒險，是通向未知的旅程，每一次我進入課堂，內心便充滿了期待。我克服了擔憂而獲得心靈的敞開，我期待著那些令人驚喜的風景一一向我呈現。阿爾卑斯山穀中有一條大汽車路，兩旁景物極美，路旁插一標語牌勸告遊人：「慢慢走，欣賞啊！」朱光潛說：「許多人在這車如流水馬如龍的世界過活，恰如在阿爾卑斯山谷中乘汽車兜風，匆匆忙忙地急馳而過，無暇一回首流連風景，於是這豐富華麗的世界便成為一個了無生趣的囚牢。」如此，課堂不也是另一重時空意義上的旅行嗎？

2006年5月

10、我們是否需要教育理想?

　　韓愈說,師者,所以傳到授業解惑也。在師的任務序列裏,「傳道」排在第一。韓愈的「道」自然是儒家之道,《論語》裏把這個道放在最高的位置,說「士志於道,而恥惡衣惡食者,未足與議也」。可見,儒家所謂的「道」,需要超越日常生活。對於「志於道」的讀書人,《論語》提出了另外的要求,「士不可以不弘毅,任重而道遠」。士需要弘毅的原因,其一便是,道很遠。因為道需要超越日常生活,道又是遙遠的,我覺得,這裏頗有理想主義的色彩。

　　1936年,梁漱溟在山東原平辦鄉村教育,一次早會上,他在全校師生面前,提出要「以出家的精神做農村工作」。梁漱溟這個鄉村工作,具體便是辦教育。讀到這一句的時候,我突然被打動了。

　　每天,我起一大早,匆匆忙忙來到學校,過著機械而精確的生活,我很少有自覺的意識:這樣忙忙碌碌究竟為了什麼?曾子說,吾日三省吾身。對我們中學教師而言,這種反思同樣是有意義的。反思才會讓我們生活在思想的敞亮之中,從而使自己的生活與生命,獲得理性的光照。

　　在電影《死亡詩社》裏,基廷老師帶領學生們參觀校史陳列室,看著過去的校友的照片——他們大半已經成為亡魂,基廷說:「噓,聽,他們在說,萃取生命的精華。」這句話是對同學們說的,也是對他自己說的。「萃取生命的精華」,

花開堪折直須折，我們每人身上的某個角落，恐怕都埋藏著「天問」的衝動，都埋藏著對自身有限性衝破的渴求。這是人類最深層、也最本質的衝動。所謂理想，便是建立在這種衝動之上。

理想，確實是一個美好的辭彙。不過，曾有人說，在這個年頭，再來說理想這個詞語，未免太背時了，太不合時宜了。這是一個什麼樣的年頭呢？狄更斯的小說《雙城記》裏有一個不朽的開頭，或許可以作為注腳。他說：「那是最美好的時代，那是最糟糕的時代；那是智慧的年頭，那是愚昧的年頭；那是信仰的時期，那是懷疑的時期；那是光明的季節，那是黑暗的季節；那是希望的春天，那是失望的冬天；我們全都在直奔天堂，我們全都在直奔相反的方向。」我們可以用各種詞語來形容一個時代，但當我們拋開塵世的煩囂，真誠面對自己的心靈，誰能避開理想這個動人的詞語？

校園，是一方神聖的淨土，學者蕭雪慧女士稱教育為「必要的烏托邦」。烏托邦，便是我們最大的理想主義。如果在校園裏，都不能擁有超越於現實功利之上的較為高遠的追求，那麼，我們恐怕會掉入物資主義的泥淖，無力自拔。

然而，理想不是空中樓閣，它需要腳踏實地，需要將理想這個大詞，落實到每天零零碎碎的具體小事中。在人教社高三第五冊語文課本裏，哲學家馮友蘭在〈人生的境界〉一文中說過一個詞語，叫做「覺解」。當我們對理想有了覺解之後，當我們將理想建立在具體的日常工作之中的時候，理想才有了賴以附麗的基石。

理想還需要我們培養自己完整的理性。作為成年人，我們有這個能力，有這個可能，運用自身的理性，來規範自己的

所作所為。擁有理性，是一個現代公民的基本素質。托克維爾指出，個人是關於自身事務的最好的裁判者。康德則說，所謂啟蒙，就是有勇氣在一切事物面前運用自己的理性。這樣看來，堅持理想，何嘗不是一種自我啟蒙？啟蒙，需要從自身內部發光。自身發光，教育為鏡，在教育中，師生將雙雙獲得心靈的敞亮。

2006年11月

11、我們每個人都承擔著未來

——致我的學生朋友張

很抱歉兩個月之後才給你回信，因為實在太忙了，這是我有生以來最累的寒假，育兒不易，誰叫我決定了要一個孩子呢？還有囉唆的雜事，到昨天晚上才有足夠的時間寫早就想寫的一些文字，生活弄人，肉身第一，也是沒有辦法的。

但今年寒假我也挺開心，因為你們來了，你、陳詳、朱桂英，在高中畢業這麼幾年之後，在互相分離很久之後，我們居然還在思考同樣的問題，這很令我開心。這是我教書十年，第一次體會到這種喜悅。也即是說，我覺得我當年教書時的設想，並沒有完全落空，你們的到來，便是給我信心，給我鼓舞。你們的到來，便是我新年的禮物。陳詳不曾在我這裏聽過課，後來我同他聊天，知道他為什麼會有現在這樣的認知水平，看來，我們都是有來歷的孩子啊。

以前也有別的同學來看我，他們也都很好，但是我們考慮的問題不一樣。也有人這麼說，蔡老師，你還在考慮這樣的問題啊。我說是啊，有些敷衍他的味道，但我會尊重他現在的思想，畢竟不是每個人都必須跟我們一致。所以當我們在幾年之後還能踩在同一條底線上，我覺得很開心。

你來信的內容，我這兩個月中，時時想起。不過，我覺得「頹廢」什麼的，並不是什麼大問題，頹廢是年輕人的一個特徵，感性大過理性的人，頹廢會多一些。我自己的經歷也是

這樣，不知道你注意到沒有，在教你們這一屆的時候，是我個人情緒最頹廢的時候。我到30歲之後，才漸漸擺脫這種情緒，大概是因為年齡大了，對生活和時代有了較為深切的體驗的緣故。而且我覺得頹廢不是一個壞意思，頹廢也是一種對生活的判斷。你之所以自認為「頹廢」，就是你從《越獄》得來的感受，這恰恰證明你在獨立思考。

美國很好，但美國不是天堂，它自然不是十全十美的。尤其9‧11之後，公民的人身自由遭到了國家安全的一些干擾，這是美國的知識份子自己也在批評的。但美國的好，就在於，他有最大的透明度。不知道你注意到中國發佈的《2006年美國人權狀況》白皮書，列舉了很多壞事，但這些事情，我們從美國的報章都可以讀到。因為他有憲法第一修正案對言論自由的保障。言論是否自由，是一個國家公民享有多少自由度的標誌。你可以讀一些林達的書，《如彗星劃過夜空》裏面有專門一篇，講報界對政府的抗爭，官司一直打到最高法院，最後報界贏了。就這麼簡單。民主制度，邱吉爾說是最「不壞」的制度，不壞的一個方面，就是它有自我糾錯的機制。畢竟，在人間是不可能建立天堂的。你看《越獄》，要有這個想法，才不會絕望。

我也喜歡玩遊戲。前年妻子還懷孕的時候，我用了很多時間去玩魔獸世界，很沉迷。一邊玩，一邊心裏說，明天再也不玩了，浪費時間，我有很多事情要做啊。可是第二天，我還是玩。這是因為我太貪玩了，因為玩遊戲也使我覺得快樂。快樂，是我一貫的生活追求。閱讀使我快樂，寫作使我快樂，魔獸也使我快樂，而且，我認為這幾種快樂沒什麼品質上的差異。生活就應該是快樂的。歷史進步，社會變革，不就是為了

讓我們活得更快樂嗎？現在我有時候也玩，但沒什麼癮，主要是沒時間。我也為一些沉迷遊戲的中學生辯護，因為現在的學校生活，不能給他快樂，只能給他壓力。尋樂，是人的本能啊。

朱桂英來見習的時候，說她有一種理論的傾向。確實，跟你和陳詳比，她更學院化一些，她對學術本身的東西有很大的興趣。而我們，對基於生活的東西更有熱情。但都無所謂，因為人是很複雜的，重要的是，我們應該及早尋找到究竟自己想要什麼。純粹的學術當然很好，恐怕目前不容易。其實，只有一個在自己的專業範圍內有所建樹的人，來關注公共事務，才更有發言權。如愛因斯坦，我讀過他的晚年文集，他對公共事務的關心和見地使人蕭然起敬。前面說每個人都是豐富的，每個人也都不是孤立的，我們生存在一個世界共同體中，人類的命運便是我們個體的命運。國內一些關心公共事務的學者，多也是這樣，如崔衛平、賀衛方、蕭瀚等。

關於你說的民族主義，我建議你去看蕭雪慧的文章，〈「愛國主義」辨析〉，你看懂了，就明白了。這陣子《大國崛起》的電視片很熱，但有一點必須是全人類的共識，崛起何為？崛起是為了全體國民有更多的福祉。也即是說，國家是為了個體而存在的，而非個體為了國家而犧牲。

我還想說一點，基於自己生活的思考，是最可貴的思考。因為看到了生活中的不平等，我們才去尋找人類不平等的起源。

不要說以上的都是大話，我現在認識到，我就置身於這個時代，參與了這個時代，而時代的進步是靠合力的，也就是說，我們每個人肩膀上都承擔著未來。所以那些話，諸如

「天下興亡，匹夫有責」之類，不是大話空話，顧炎武這麼說的時候，就是一個具有歷史感和現場感的人，他的認識，尚在當前很多人之上。

12、成為一名知識份子
——新年第一課講稿

按照西方人一般的說法，知識份子是社會的良心。殷海光則說，知識份子是時代的眼睛。

確實，對於知識份子，我們總是以一種崇敬的眼光來看，覺得他們高高在上，象徵著知識、先進、道德、良知……而事實上也是如此，知識份子，從文化的角度而言，是處在社會各階層的頂端的。那麼，究竟什麼樣才算知識份子呢？

孔子說，必也，正名乎。既然我們要想成為一個知識份子，那麼，首先，我們得給知識份子一個界定。

根據美國《時代週刊》的說法，稱為知識份子有兩個要求。

1、知識份子不止是一個讀書多的人，一個知識份子，必須有獨立精神和原創能力。他們是為追求觀念而追求觀念的人。這種為追求觀念而追求觀念的精神，恰恰是中國人所缺乏的。中國的孔夫子，他的哲學是實用理性，功利性比較明顯，到宗教上也一樣，中國人平時沒什麼神的概念，多是「平時不燒香，急來抱佛腳」的，而且，佛教諸神都是可以賄賂的。真是好笑。

這個獨立精神，我們以前說起過，陳寅恪在題王國維紀念碑文的時候，就表舉了「惟此獨立之精神，自由之思想，歷千萬祀，與天壤而同久，共三光而永光」的意思。也就是

說，知識份子不是隨波逐流的，他有自己的操守，有自己的價值眼光，從不會人云亦云。所謂原創能力，就是說，他能夠有所創見，發人之所未發。作為研究者，他能創立自己的理論體系，作為文學從事者，他能在作品中寫出自己獨特的人生感悟。所以我們聽到了很多關於錢鍾書先生的批評，多是從這個角度出發的，說錢鍾書只是積累了很多知識，而沒有原創，他拈出的「通感」什麼的，也都是從西方引進的。

2、知識份子必須是他所在社會的批評者，也是現有價值的反對者。所以，有的時候，成為一個知識份子，是有代價的，有時甚至是生命。蘇格拉底是最早的代表，他喝了毒酒。他在死之前的對話錄《斐多》裏說：「真正的哲學家一直在練習死，當他的心靈已經清洗乾淨，有了準備，就可以帶著這個希望動身。」

《時代週刊》說法，跟林賢治的說法很相似，他在〈也談五四、魯迅與胡適──給李慎之先生的信〉說：「我認同的是，所謂知識份子，首先得有相當的專業知識，他立足於自己的專業，關心專業以外的廣大社會，並且以自己的理想價值，設法加以干預，批判，改造。一般而言，知識份子是不結盟的，即使參加某一個社團或組織，他也能夠以固有的自由的天性，超越本階級本集團的利益局限。但是，他無論如何不會與權勢者合作，而是站在無權者一邊，挑戰主流社會；因此始終保持獨立的身份，在言論方面，也持毫不妥協的姿態，即使在失去自由的情況下，仍然得以曲折的形式，表達個人的基本理念和良知。」

按照這樣的界定，在中國，知識份子並不多。不過我們還是可以找出幾個，比如龔自珍、梁啟超、魯迅等等。

龔自珍是近代最初的覺醒者之一，他最早提出「自改革」這個意見，他形容當時是「日之將夕，悲風驟至，人思燈燭，慘慘目光，吸飲暮氣，與夢為鄰。」（〈尊隱〉）半個多世紀以後，梁啟超讀到龔自珍的文集，說：「晚清思想之解放，自珍確與有功焉。光緒間所謂新學家者，大率人人皆經過崇拜龔氏之一時期。初讀《定庵文集》，若受電然……」（梁啟超：《清代學術概論》）我們學過〈病梅館記〉，應當從這個意思去理解，也就是那首大家都會背的詩歌，「不拘一格降人才」的意思。魯迅，我們就不多說了。

　　哈耶克的界定則要寬泛的多，他說知識份子必須博學多聞、能說能寫，而且對新觀念的接受比一般人快。

　　那麼按照這個說法，我們都可以叫做知識份子了。殷海光在〈知識份子的責任〉一文裏面，上面兩種說法都採用了。他認為，前者，是社會文化創建的前鋒，後者，是社會文化創建的主力，是知識份子的本幹。

　　其實，我們的文化傳統中，一直也包含著這樣的精神，孔子「知其不可而為之」的信念，孟子「雖千萬人，吾往矣」的勇氣，都包含著一個知識份子的良知。我剛讀大學的時候，讀到「造次必於是，顛沛必於是」、「君子謀道不謀食。君子憂道不憂貧」、「士志於道，而恥惡衣惡食者，未足與議也」、「士不可以不弘毅，任重而道遠」之類的話，覺得有些熱血沸騰。這種精神我們的前人們一直繼承著，屈原說：「路漫漫其修遠兮，吾將上下而求索。」范仲淹說：「先天下之憂而憂，後天下之樂而樂。」顧炎武說：「天下興亡，匹夫有責。」這些話裏包含著一種精神，一種捨我其誰的擔當精神。

我們現在所處的這個時代，還有許多問題，我們的物質生活雖然好了許多，但是只要你觀察、思考，你會看到許多陰暗，包括魯迅近一個世紀前一再呼喊的。接下去，還有半年，你們就要去讀大學了，你們會走上各種各樣的道路，但是，希望無論你們走上哪一條道路，都去想一想這些對知識份子的要求。就像孔子說的「雖不能至，心嚮往之」，那就夠了。

2002年2月27日

13、生活，是其本身
——高三最後一課講稿

　　我在讀大學的時候，經常聽一種國內翻錄的歐美流行音樂系列歌帶，名字叫《music haven》，就是「音樂天堂」的意思。有一期上印過這麼一句話：熱愛音樂是一種動人的生活方式。10多年了，我仍是經常記起這句話，現在，我要把這句話送給你們。不過，我不是建議你們光去熱愛音樂，這句話我們可以改換為以下的種種不同方式：熱愛文學是一種動人的生活方式；熱愛閱讀是一種動人的生活方式；熱愛足球是一種動人的生活方式。等等。我這麼說只是想告訴大家我花了好多年才想明白的一個問題，就是，生活就是其本身，我們的日常生活就是很有意思的，我們要熱愛它。

　　我們都滿懷理想，現在我們盼望著考上一個理想的大學，將來我們盼望著在自己熱愛的事業上做出一些成就。這都很好，說明我們年輕，我們都在虔誠的尋找生命的意義，或者說價值。有一位同學曾經在隨筆裏跟我說，意義在於過程。我很認同這樣的說法。意義在於過程，說明不存在那麼一種「意義」，它位於我們生活的終點，或者我們生活的某個階段的一個節點，相反，「意義」在於每一個時刻，當我們熱愛自己的日常生活，當我們清醒的意識到生活就是其本身的時候，意義就凸現出來。以前跟同學們講過禪宗，禪宗有一句話叫做「道在屎尿」。這是一個極端的表述，但我們不妨來解釋

一下。我覺得，「道」是不是可以看作我們要追求的價值，那麼，「屎尿」或許就是說我們日常生活中不可避免的「低級」的事情。但是價值就在這些「低級」的事情之中，價值就存在於我們做這些事情的過程之中。

我這樣說，不知道同學們能不能同意。事實上我所講的經驗，只能代表我自己的，每一個人的情感經歷、心理結構都是不一樣的，我的思考不能替代同學們的生活。而很多事情，光靠別人講是沒有用的，只有自己經歷過，才會明白。講點我自己的思想經歷吧。我以前跟大家說起過米蘭昆德拉，大家還記得嗎？他有一本小說，名字叫《生活在別處》。以前，我曾經十分沉迷於這個標題，僅僅是這個標題而已——「生活在別處」。的確，日常生活總是乏味的，是千篇一律的，是蒼白的，沒有驚喜，沒有激情。每一天極其相似，相似到近乎複製。我們的高中生活更是如此，教室、食堂、宿舍，三點一線，尤其是高三這一年，有那麼多同學向我表達過這個意思：生活，多麼無趣啊！我很理解，我們年輕，我們不甘於這樣的平淡，我們喜歡轟轟烈烈，我們喜歡跌宕生姿。面對灰色的現實，我們不由得就會想到——生活在別處！這真是一句美妙的口號，是一個令人迷狂的前景。但是，這樣的話，生活永遠都在別處，而不在當下。「所謂伊人，在水一方，溯洄從之，道阻且長。溯游從之，宛在水中央。」你無論如何往復找尋，「伊人」都在不遠的地方，你可以看見，你永遠無法到達，這是「幻想鎖鏈的彼岸」，是一個美妙的幻象，而相對的，我們的現實，則越加顯得醜陋。

我們換一個角度吧，生活是其本身，你會發現這之中的美好。羅丹那句話大家都耳熟能詳：生活中不是缺少美，而是缺少發現。

進了大學，大家可能會有一個很不適應的過程。中學時老師家長們都逼著你學習，高三這一年更加如此，題山卷海，練習做到我們麻木為止。大學就不是這樣了，上完課，老師走了，沒人逼你做這做那，你突然之間多出了那麼多時間，多到近乎氾濫成災。套用尼采的說法，這叫作「自由的暈眩」。自由到你都要暈眩了。於是你手足無措，你心神不定。過度的忙碌會叫人絕望，過度的自由則是「生命中不能承受之輕」啊！

回頭來想一下我的說法吧，生活，是其本身，意義就在我們這樣一天天的生活之中。有了這樣的意識，我認為你就是有了一定的理性，你就開始能夠在你面對的事務上運用你的理性，你就能逐漸脫離蒙昧的狀態，從而開始對自己的人生負責。

同學們，這是我們高中階段最後一堂語文課了。「最後」這兩個字會不會有些傷感？我倒並不傷感，我為能夠跟你們一起度過這3年美好的時光而高興。這會成為我永遠的美好的回憶，放在心裏面，很深的地方。我也有一點希望，很多年以後，大家萬一還記得我，你們高中時的語文教師，也會有那麼一點兒感覺，比方說，那個有趣的老師。最後，我認為，熱愛生活的人，大多也會是一個善良的人。善良，我的理解，就是有同情心，所謂「惻隱之心，人皆有之」，所謂「己所不欲，毋施於人」，時刻保持自己的良知和尊嚴。蘇東坡和佛印的故事想必大家還記得，佛教裏說，天眼開的時候，自己是什

麼，看到對方也就是什麼。而在一個善良的人眼睛裏看來，世
界是美好的，生活，作為其本身，也會更美好。這是相輔相成
的。謝謝大家，再見。

2003年7月

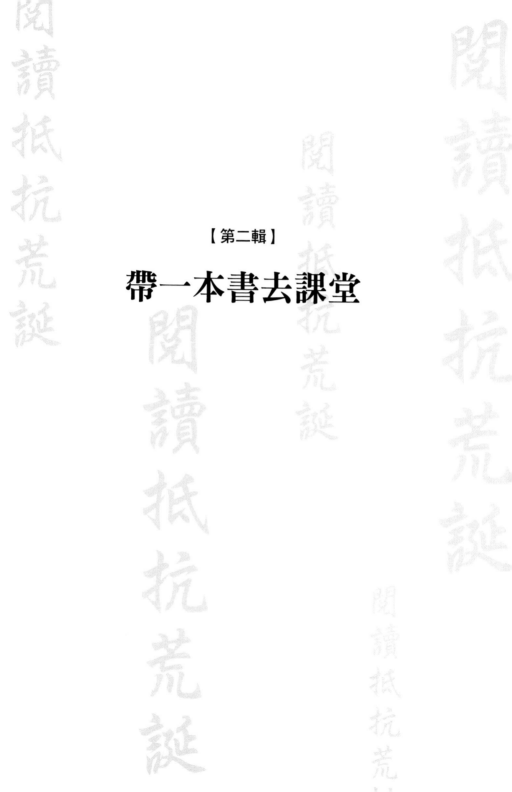

【第二輯】

帶一本書去課堂

1、帶一本書去課堂

一、教育的蒙昧時代

　　我剛開始教書的時候，便經常給學生介紹一些書籍。一方面因為自己在持續不斷的閱讀，有了會心處便介紹給學生；另一方面，最重要的在於，我單純的認為閱讀是一件好事，就像喜歡音樂一樣。有一本書叫做《讀書這麼好的事》，就是好那個就是好，但究竟好在哪裏，作者不明說，我則未必能說出來。所以有時候想到我所生活的小城市，以及幽暗的社會環境，就覺得自己像《生命中不能承受之輕》裏面的特麗莎，她走到哪裏都拿著一本書，以此區分她和別人的不同。但特麗莎有湯瑪斯，我只有我自己。

　　當時給學生推薦書籍，沒有一個主觀的、有意識的目的。因為我自己講課、讀書都信馬由韁，從不研究教育理論，從不操心課堂流程，上課想到哪本書了，便推薦一下。隔幾天，偶爾會發現某同學桌上有了這本書，便表揚他一下，這位同學會在隨筆本裏跟我討論這本書。1996年的時候，我還比較喜歡古典文學，是大學的一種慣性。我記得當時的高一語文課代表，一位長著幾粒小雀斑的可愛女生，她因為我對《詩經》披肝瀝膽的闡釋而喜歡《詩經》，高中三年，是

《詩經》陪伴她度過的。但我不知道這種喜歡究竟影響了她什麼，對她將來的生活有怎樣的影響。也許並不是好影響，這種喜歡可能反而會影響她對現實生活，尤其是物質生活的判斷，如果這樣的話，我倒覺得這是一個悲劇。我自己也是這樣，並不清晰閱讀到底是為了什麼。但我知道自己，因為閱讀，很多時候都和別人格格不入。所以，當初，閱讀帶來的不是自由而是枷鎖。就像很多好心的同事建議我的那樣：小蔡，讀那麼多書幹嗎呢，自己搞得那麼辛苦！他們認為我假如有一點點痛苦，那也是自找的。如果無知又無思，世界就簡單多了。這話也有幾分道理，比如，豬就不會因為知道自己被屠宰的命運而痛苦。《夏綠蒂的網》裏，威爾伯的畏懼，就是因為他知道了他也許會被做成培根。我當時的困境就在這裏，所謂危險的啟蒙，你到底要如何面對學生去言說？如果你反而加重了學生的痛苦，哪又如何？

但我還有一種朦朧的確信，比較單純，我認為閱讀還是超越世俗生活的，也許我們需要這樣的一種超越性的、精神性的生存。就像海鷗喬納森，他要為了飛翔而飛翔，海鷗的一生並不僅僅是為了吃飽飯打瞌睡。於是我還是一直不斷的讀書，一直不斷的向不同的學生推薦不同的書。

當時推薦的書籍有一個特點，以文學作品為多。這也可以說明一點，在10年之前，我還是一個文學青年，簡稱「文青」，現在都是罵人的話。當時的語文教材還是人教社的老版本，作品比較陳舊，我主要以介紹一些新鮮的作品為主，比如海子的詩。我總共買過7本人民文學版的《海子詩選》，送給學生以及朋友，最後自己一本也沒有留下。關於海子的藏書中，我最寶愛的是西川編的《海子詩全編》，放在學校辦公桌

上，經常翻看。後來有一個在我鼓吹下變得愛讀書的同學，不告而取，半偷半借就拿走了。半偷是他並沒有事先跟我說明，半借是他後來讀大學，才告訴我是他拿了我的《海子詩全編》，但並不打算馬上還給我，到現在也沒有還我。我只有苦笑，真不知道這是我教育的成功還是失敗。

這仍是我的教育蒙昧年代，持續了比較長的時間，教書是混飯的手段，心裏沒有一個明確的意圖，比如培養學生多方面的豐富的好奇，乃至培養學生的公民素養等，我沒這些想法。自己讀的書雖然不限於文學，但給學生推薦的，多是文學書籍，也沒有一個給學生的階梯狀的閱讀計畫，隨性所至。所以我現在想，其實對於這第一屆學生，我和任何語文老師一樣，不會給他們任何別的影響。

二、朱桂英與書單1.0時代

我給學生開的第一個推薦書單，是在2002年，我現在稱這個書單為1.0版。無知者無畏，我還曾把這個書單貼在網上，遭到了很多尖銳批評。現在我已經很清晰的知道，這些批評意味著什麼，因為我的確也在按照他們說的那樣轉變。比如，現在看來，這個書單基本以文學作品為主，基本上是國別體的文學史，有現代派的，也有傳統著作。我沒有意識到高中生並不是中文系。所以後來也挺內疚的，要是那些孩子們，現在才來做我的學生，也許會更好一點吧。這句話我曾經跟一位學生說過，就是朱桂英。

　　第一個書單是有緣起的。2002年的時候，我帶的高三班畢業，暑假裏一群男同學經常來跟我踢球，踢完球喝著飲料坐在操場邊閒聊。其中一位便說，老師，你以前推薦那麼多書，我都沒時間讀，你能不能給我開一個書單，我以後可以按圖索驥，找來讀一讀。後來他又在QQ上找我，向我要書單，我便給他開了這個文學性的書單。比較隨意，沒有參考任何別人的意見。當時還沒有看到任不寐、錢理群編的「新語文讀本」，也沒有看到傅國湧的「中學人文讀本」，也沒有看到夏中義的「大學人文」，全部一個人閉門造車。所以極不完善是可想而知的。但我還是沾沾自喜，覺得這個書單不錯，比較全面，文學大國以及主要流派都注意到了——這就是文青的思維方式。

　　這件事使我靈機一動，為什麼不選擇他們尚在我班裏上學的時候，就給他們多讀一點書，多給他們一點閱讀的觸動呢？於是，這一年新接手的高二班級，我就把這個書單給他們了。但光開書單根本沒用，很多原因決定學生不會按照你的書單去讀書。比如，沒時間，他們說，作業太多了。但其實我知道不是這個原因，而是他們沒有建立閱讀的習慣。還有是客觀原因，紹興沒有好的書店，我推薦的書未必能買到。於是我想，我應該多加引導。

　　2002年我帶完高三，調去教高二，這個班級在我教他們之前，就已經有幾位同學很喜歡讀書寫作了。加之我有意無意的經常在課堂吹噓我讀了多少書，幾位同學便也躍躍欲試。我是這樣吹噓的：我一年讀100本左右書，以每本厚度1cm計算，那麼，10年來，我讀過的書，平疊起來，大概比3層樓要高了。我還吹噓，我住的地方，除了電腦就是書，床上桌上馬

桶上，都是書。這種鋪張揚厲的說法，對學生很有刺激，有人在隨筆本裏跟我立下宏願：老師，有一天，我會讀比你更多的書。

朱桂英、胡劍、錢學斌和姜景林他們幾位學生自己組織了一個讀書會，他們有小組的章程，規定多少時間內讀多少書，並寫了細則，請我擔任指導老師。這是一個純粹的民間組織，要是放在今天，我會很有興趣去參與，不過當時，我的心情比較頹唐，於是有極度的疏懶，終於沒有參與他們。我不知道他們活動了多久，最後總是星散了事，接著便是高三，接著便是各奔東西。我的頹唐由來已久，人生無趣，所求者何？不過我老是惦記著這幾位同學，其中有一個考的不好，去了嘉興的一個高校，去以後還曾經問過我，秀州書局在哪裏。那時候我還沒有見過范笑我先生，只在網上知名，就給范先生發了個短信，范先生告訴我地址了，我便轉告，但終不知這位同學有沒有去。

但這一屆我還是給了一些讀書的指導，我把這個書單1.0版列印給他們，把他們分成幾個讀書小組，志同道合的人在一起，自己決定讀什麼書，怎麼讀。寒暑假或者長假的時候，我的作業就是讀點書，寫點讀書筆記。假期歸來第一節和第二節語文課，叫他們分小組討論，跑到教室外面，香樟樹下或者亭子裏。每個小組有一個召集人，召集人負責翌日在全班面前通報他們閱讀了什麼書籍，向別的同學推薦該小組認為好的書籍。這幾節課都是很熱鬧的，讀書小組分散在校園各個角落，竊竊私語。第二天，有一個主題發言人，在全班同學面前彙報他們這個組的假期閱讀情況。

這些事情都比較有趣，學生的豐富多彩，遠遠超過老師的預料。以我記錄過的後一屆高一小朋友的讀書會情況為例。

「小弱」作為召集人的這一組，主要討論《三國演義》。不過他們的討論沒什麼我期望的深度，主要是互相拷問，三國裏面哪一個最厲害；呂布字什麼，使什麼兵器；誰誰誰怎麼死的……我也樂意聽到他們這樣的討論，畢竟這也是閱讀樂趣之一。我初中時，買過一張水滸一百零八將的年畫，貼在床前，每天晚上睡覺前背一下他們的交椅排位。這也是樂趣。哪怕到了大學，宿舍裏有一個「三國專家」，他知道每一個死去的小說人物的死法，歎為觀止。這個實際上跟茅盾會背《紅樓夢》是一個道理。

另一次，曹道亮一組變成了一個講故事大會，他們每個人都把自己看的小說的情節複述了一遍。還有一個組都是女同學，她們的讀書會變成了電影研究，開始她們還在討論假期讀的書，後來不知怎麼，就便成了談論電影。但是電影未嘗不屬於讀書的範疇。我曾給高一的學生開過一個電影欣賞的興趣小組，給他們看了一些電影。現在，我簡直將電影當作了我最重要的教學手段，現在的這一屆，基本上每週看一部電影，並且電影也形成了我的一個思考序列。

第二天的全班交流也很熱鬧，同學們與我都充滿了期待。一般，全班會有7～8位同學發言，每一個發言人的時間不超過5分鐘。於是這堂課，就成了很有意思的很精彩的45分鐘。發言的同學，每一個都有自己的特點，有靦腆的，也有豪放的，都展示出了自己可愛的那一面，說到有趣的地方，全班都給以鼓勵的笑聲。每一屆學生中都有「語不驚人死不休」一類人，這個時候，就是讀書報告會的高潮。李標明平時是個

很憨厚的人，數理化不錯，對語文一直沒什麼興趣，想不到他們組就推薦他來發言，他的發言很大膽，討論的是「早戀」問題，因為他們讀了一些小說，發現愛情是一個文學的母題，他實話實說，說高中生這個年齡，已經懂得知慕少艾，但是老師家長都反對，粗暴干涉，簡直是禁區，但是偷偷摸摸的談戀愛的情況還是有，他們組討論很熱烈，都認為中學生有能力解決這個學習和戀愛的矛盾。這個發言博得了全班同學的熱烈鼓掌。

但即便我鼓勵學生閱讀，內心卻未嘗不處在困境之中。這可能也跟我的狀態有關。我當時自認為還處在「兩間餘一卒，荷戟獨彷徨」的境地。那時候人教社的課本裏面很多魯迅。現在回憶那些課堂，記憶中充滿了魯迅，而沒有別的作者。似乎我們一整年都在學習魯迅。我知道記憶的不可靠，只不過這些印跡特別深刻，就像電影中突然來了一個特寫，周邊的一切都虛化了，成了一個朦朧的背景。只留下挾著煙捲的魯迅先生，只剩下孤苦無告的祥林嫂，孤獨而高傲的死去的夏瑜，可悲而又可憐的阿Q。而我，這個語文老師，一臉苦大仇深，夾著粉筆，就像魯迅夾著煙捲，在黑板上，在「冷漠」這個詞語下面，劃了一道又一道的線，劃了一個又一個的圈。

很難想像這個對世界的基本判斷為「冷漠」的語文老師會帶給他們什麼。多年以後，這些孩子各奔東西，他們中的大多數，我再也沒有關心他們，就像我當時跟他們說的，畢業了，就各自逃命去吧。你要知道，你不是高考成績最好的人，你不能上一流大學，你的父母家人為了你的求學，已經花去了大半輩子的積蓄，你也許下半輩子要為了生存而歷經艱辛。多麼可悲，我想到這些青春年華的孩子們將來要為了生存

而飽受痛苦，就有一種莫名的感傷。但我無能為力，只能袖手旁觀。

這個困境，最大的表現在朱桂英身上。朱桂英是這個班中很普通的一個女生，普通到你根本不會在意她，她坐在教室中，而你目中無人。大概要過一個多月，我才從他們的隨筆中發現，朱有與眾不同的思考。這一點很重要，我必須看到，學生其實已經有了他們的思考和價值判斷，那些傑出的孩子，他們的傑出來自他們自身。在我發現並對她有一定的影響之前，她已經很傑出了，她是自己長大的。

她酷愛閱讀，簡直到了癡迷的地步，後來她跟我說，高中3年大約只用了20%的時間在數理化外語諸課上，其他時間都花在讀書上了。她天分很好，閱讀多，思想便有超出同齡人的深刻。別人對中學生活還停留在直覺的厭惡，她已經能夠從制度的高度來看待教育的兩難。別人還在偷偷摸摸看日本漫畫的時候，她在讀中西方的大哲。有一次她來問我，說汪暉怎麼樣。我當時對汪暉沒什麼好感，便說他是新左，沒什麼好看的。也有敷衍的意思。她認真的質問，難道，你可以對一個人這麼粗暴的下斷語，貼一個標籤嗎？在她那裏集中體現了我教書的矛盾：啟蒙是危險的嗎？如果一個人能夠清醒的看清真相，無論如何也會有一些痛苦，而我其實僅僅希望他們能夠有一種簡單的快樂。

朱桂英可以在圖書館裏站著把厚厚兩本《人間魯迅》讀完。由此她認識了圖書館很多工作人員，以及紹興本地的一些文化人，成為他們的忘年交。她曾經想把這些朋友介紹給我，可能她覺得我會喜歡這些朋友，又或者她覺得我太孤單了，也許缺少朋友的溫暖。不過我婉拒了。

照理說讀書會這事她會很喜歡，但是她不喜歡，儘管她也代表他們組發了言。因為她跟同學們在這個方面沒什麼可以交流的了，她出人遠矣。

　　我跟她的交流，大多數在一週一次的隨筆上。有一次，她寫到：

　　現在覺得自己完全如一個「小丑」，那天做詩歌賞析練習卷，從7點多到午夜，結果沒寫幾個字，後來在第二天早晨「辛苦」地在空白的地方填了一些字，因為您說過要檢查。我不忍心讓您看到一片空白的試卷。很可笑，是嗎？那個晚上對我來說真是一種折磨。

　　為什麼高考試卷上的詩歌賞析只有古典詩詞而沒有現代詩呢？其實很容易就可以看出出卷老師的心態。古典詩歌可以有一定範圍的情感界限，而現代詩歌，整個地就是一種情感的深淵，無邊無際，讓人失去所謂的判斷力。看到我們親愛的老師精心編制的兩張《古代詩歌鑒賞資料》，滿心的悲哀啊——一個所謂的詩歌大國的詩歌，竟落魄成這種模樣！更讓我難受的是，詩歌鑒賞竟然還要出這樣的題目：該詩繼承了我國傳統詩歌創作的優良傳統。他們共同採用了詩歌傳統表現手法中的哪一種？我想出題老師是出於「好意」，時刻不忘提醒我們，要我們知道一個所謂詩歌大國的「根」。猶太人聲稱自己紮根於一本書，那就是《舊約》，有時我想，中華民族是否敢聲稱自己可能紮根於《詩經》？事實上，一個民族紮根於一本書的設想是荒謬的（民族的根蕪雜得多，分岔也繁亂得多），作為詩人個體可能會懷想他的母樹，懷想母樹悠遠的根系，會擁有尋根的慾望，但無論如何，也難以和播種的喜悅，生長的喜悅相比。或許，後者是更久遠的更原初的，更具

有詩的純粹，一本極其值得人類銘記的書，只是讓後來的生命穿越而過，只是為了標識更豐富、更廣闊的生長的可能。所以，從某種意義上來說，對於根系的掙脫的慾望，才使詩本身得以生長，然而中國古代的詩人，對於根系竟如此執著與虔誠。於是一個悠遠、豐盈的根系卻只長出了弱小、蒼淡的枝條。中國古代的詩歌在感情的充盈度及手法上都有些營養不足。優良傳統！優良傳統！優良傳統？當然，對於中國古代的詩人，我是不忍心從這樣的角度去看他們的，他們因社會結構而被迫形成的近于扭曲的心理結構，文化及人格的生長空間，決定他們只能向悠遠的根系跪下。

她似乎一直就浸沒在這樣的情緒之中，但我不敢否認，這是不是由於她的語文教師陰鬱沉悶的情緒的緣故。以致於有一次，我讀了她的隨筆，很為她的精神狀態擔憂。我已經忘了她究竟說了什麼，只是覺得灰暗無比。於是我去找她談話，告訴她世界上也還有美好的光明的一面。我也不知道我拙劣的意見給她產生了到底是正向還是反向的作用。因為這些話其實我自己也不相信，這種庸俗的辯證二元論，讓它見鬼去吧。我自己此刻就處在這樣的關頭：除了頹廢是可以確知的，此外沒有什麼可以把握。所以現在想起來就有一種愧疚。因為即使教師的影響有限，但畢竟會有影響。一個語文教師的情緒和思想，偏激或者頹唐，對於處於可塑性最強時代的中學生而言，也許會有我根本料想不到的影響。我認為，作為一個有一定影響力的教師，無論你希望孩子們有單純的快樂還是有突破性的深邃眼光，最好你自己先建立一種較為健康的心態。言傳身教這個詞，還是有道理的。

後來，她考到了浙師大。大三那年回母校見習，跟著我聽課。我請她給我當時教的孩子作一個講座，題目自擬，她化用了我當年給他們最後一課的講稿：生活是其本身。並大段引用我的文字。嗯，這個講稿，已經是我獲得「第二口氣」之後的一些想法了。她來見習的那次，我跟她原先的班主任談起，才知道，她還是一個熱愛舞蹈的女孩子，甚至在文藝會演中表演過獨舞。天，我竟然不知道，她原本那麼熱愛生活而生活那麼的充滿陽光——我真的太自以為是了。

我跟她說，要是你現在再來做我的學生，也許會好一點。她笑笑。不知道她有沒有懂得我的意思。她現在畢業了，沒有工作，繼續準備考研究生，也很好。大學四年，她一如既往的讀書，甚至整個暑假只回家一次，為了在大學圖書館能無休無止的讀書。唯一我不太樂意的是，她純粹理論的興趣，比高中時濃厚了很多。我想告訴她，純粹的象牙塔並不是一個知識份子一定要選擇的唯一道路。但我欲言又止，她的人生是她自己的。

三、紹興書店地圖與書單2.0時代

與此同時，我兼了校報的編輯工作，這是我一個新的領地。在我接手校報之前，這個校報十分糟糕，無趣、乾癟。學生都不願意拿了去上廁所。我把校報擴版一倍，找來幾個學生編輯。這幾位學生編輯都非常不錯，他們是那幾年跟我相處最多的幾個學生，我們一起編報紙，還一起參加了浙江省中學生電視辯論賽。

在給這幾位學生編輯開會的時候，我說：你們要把這份報紙辦成《南方週末》。編輯之一的錢韋同學笑死了，說，老師，這可能嗎？你一天到晚要求我們思想思想，可是中學生，有幾個有思想的？這也是實話，我告訴他幾點，首先，你就是很有思想的；其次，思想不是從娘肚子裏帶出來的，需要通過閱讀思考來獲得；再次，你們編報紙，就是要去引領同學們獲得獨立思考的能力。

我比較得意這份報紙的副刊。儘管只是校報，但立意高一點也未嘗不可。其實在中國做事，靠的就是幾個有想法的人，校報雖是小報，我的幾個編輯卻很不錯。我們一起做了幾個專題，我覺得比較有意思，可能、也許，讀者之中有那麼一個兩個有所觸動，就好了。

那一年的3月份，我和編輯策劃了一個「三月，詩歌的季節」的專題，紀念海子的。4月份的主題是王小波，「一個特立獨行的人」。放暑假之前，我把書單修改了一下，挑選了其中的一部分，印在報紙上。這個校報全校師生人手一份，或許會有意想不到的效果。我於是和編輯一起策劃了一次全校性的、民間性的暑假讀書徵文活動。

我把書單做了大量的刪改，最大的改變有兩個，一是我剔除了古典文學作品；二是除了文學作品，裏面還加入了思想歷史類的書目。這是我自身思考的一個重大改變。我認識到，文學不是全部，看待世界的角度和學科背景不一樣，我們就會有不同的判斷。這在一個法學專業的人來說也許不是問題，但是文學青年這麼想，對這個文學青年而言，就是巨大的變化了。我們需要更豐富的知識，更寬廣的思維路徑，更具體實在的解釋世界從而改變世界的方法。這需要我們擁有更廣

泛的閱讀。我把這份經過徹底修改的書單叫做2.0版。比如，我在裏面有楊小凱的《百年經濟學史筆記》，關於歷史的著作，有唐德剛、費正清、湯因比等。

但是中學生畢竟活動範圍有限，他們並不知道紹興最好的書店在哪裏，除了賣教輔的書店。2002年左右的時候，網上書店也還不是很方便。我找到美編小周同學，叫他先畫了一張紹興市的草圖，兼有水墨畫與抽象派風格，略略有些大意，幾條主要的道路都出現了，然後我在這張地圖上注明每一家我認為值得去的書店、碟片店以及圖書館。書店其實也不多，當時最好的只有兩家學術書店，三葉書店和江郎書店，另外便是新華書店，以及一家叫做人文圖書的書店。還有就是老百姓特價書店和東街夜市書攤。

我把這個地圖，叫做紹興書店地圖，因為裏面沒有別的地名標識，只有書店和碟片店。編輯把報紙的兩個版拼起來，把這個地圖印在上面，就成了紹興書店地圖了。說來慚愧，教書逾10年，這竟然仍舊是我做過的最得意的一件事。

在此，我還要感謝江郎書店的老闆錢棟。他為我們師生提供了許多方便，不僅僅是較低的折扣而已。有時候，我的學生拿著我2.0版的書單，去錢棟店裏按圖索驥。錢棟有一次就埋怨我，為何不早一點告訴他我的推薦書目，他可以提早準備。還有一些書，別的書店找不到，他會特意為某個學生去杭州跑一趟，在遼闊的圖書批發市場裏逛，只為找到這一本書。後來，他和我幾個學生還成了好朋友，學生們上大學之後，放假回家，總會聚一下。我見證了1996年以來紹興書店的盛衰，也見證了江郎書店的慘澹經營。以前紹興的書店還是蠻多的，我知道有國營的古籍書店、民營的新空氣書店、新世界

書店等等，後來一家家關閉。新空氣書店的裝修很有風格，全部用杉木樹皮釘起來，專賣古籍，我進去，只看見成套的中華書局和上海古籍出版社。後來，這裏成了一家香煙專賣店。錢棟的江郎書店最後也以關閉了事，錢棟則去從事他的老本行。幾位常去他書店買書的同學說起來，至今仍是唏噓。

讀書徵文活動也搞起來了。我沒有通過校方的行政力量，只是單純的依靠校報的副刊。我叫編輯把2.0版書單的部分印在報紙上，然後邊上寫一個徵文通知。投稿的文章必須是讀書筆記或者書評或者讀後感之類的，可以是報紙推薦的書籍，也可以不是。暑假回來，編輯部收到的投稿很不少。因為這是純粹民間的行為，所以我相信來稿的多數是愛讀書的好孩子。錢韋編輯拿了一大堆文章叫我看，還吵著要獎品。因為我立足民間，沒有獲得團委學生會的支持，所以後來的獎品幾本書一些筆記本之類的，都是我自己掏腰包。太虧了，這樣的事不能多做。

我並不確知我所做的究竟有何實績，這一切都是不可見的未知數。可見的是錢韋同學，他跟我接觸交流比較多而又不夠多，後來學得了我身上的極端偏激，而沒有學得我身上同樣具有的寬容和克制。後來，他已經不當校報編輯了，有一次期中考試的作文中，他大放厥詞，說中國當下黑暗，報紙唯一只有《南方週末》可以讀一讀，並說他極其討厭某政黨的自吹自擂，一黨獨裁。我敢發誓，裏面關於《南方週末》的這句話便是我的原話。這張試卷恰好被我們一個語文老太太老師改到了，恰好有位副校長在邊上，恰好語文老太太覺得這個孩子太滑稽，就把副校長叫過來「奇文共欣賞」，這篇反動作文便被校長和黨委書記知道了。於是錢韋同學被找去談話，黨委書記

親自出面談。前前後後談了好幾次。我有些擔心，要是錢韋可能遭到處理的話，我必然得面臨一個選擇，要不要站出來說話。但事情比較弔詭，後來這件事無聲無息的停止了，錢韋除了覺得黨委書記像唐僧比較煩之外，做事風格還是像以往一樣，也還繼續當校學生會的宣傳部長。我想，時代畢竟變了。但更關鍵的原因，我猜，校方恐怕也不願意學生中出一個「現行反革命」，於他們面子上也不好看——這不是我黨教育的失敗麼！

　　至於此外，我都不知道還有什麼實績，誰知道有哪位同學看過你的紹興書店地圖，誰又曾讀過你的書單2.0呢？但我又安慰自己，教書本來就是務虛的工作。比如，我還曾經為學校圖書館購置過圖書，由於我可以支配的金額有限，買的不多，有《小王子》、《夏綠蒂的網》等童話，俞平伯、龍榆生的唐宋詞，還有羅素、湯因比、哈耶克的書。這些書都埋藏在圖書館某一個隱祕的角落，或許有一天，機緣巧合，某一個孩子拿起了他，從此對他的一生產生影響，也未可知啊。我說的其實是我自己的故事，我在讀高中時，曾從圖書室積滿灰塵的書架的最底下一排的最角落處，發現一本破舊的《唐宋名家詞》，龍榆生編。時間過去已經快20年了，這一個場景歷歷在目，宛如就在昨日，我甚至還記得陽光是怎樣照進木窗，如何撒在木地板上的，灰塵是怎樣飛起來，又怎樣散發出書籍的氣息的。我是多麼感激這位我不知名的買到這本書並把它放在這裏的老師啊，如果我現在身為教師還尚存一點點教育的歷史感和對人生神祕的敬畏感的話，這種情感的唯一來歷在於這位不知名的老師。

四、人文大講堂與書單2.1時代

後來，大概是2005年吧，因為與人不合，我辭去了編校報的工作，校報從此又回到三流小報的水準。但我不管了，我有新的增長點，便是「人文大講堂」。我徵得了校方的支持，為學校開設一系列講座，學校也承諾，在必要的時候，將提供一定的經費。我對這一點比較滿意，因為必要的經費將會使我的活動能量增強。本來，我的意圖僅是，這個講座可以由我，以及校內另外幾個愛讀書的老師一起來承擔，就由我來開第一講，第一講的稿件都已經草就了。並且這個工作，全部是義務的，僅出於自身的熱情。如果按照這個預想做下去，結果也可能像劉支書助理那個「中學生公民講座」。這同樣是一件非常好的事情。儘管我更多會從文學和藝術的角度出發，但歸根到底是，我們已經可能發揮比一個任課教師更多更大的影響。

有時候我就想，當初我的頹唐，那種人生無趣的虛無感，其實並沒有遇到敵人，敵人是我們自己。如果我們可以放棄那些諸如不切實際的英雄主義情結之類的東西，代之以做具體事情的持續努力，我們自身的認知也將獲得提升。戰勝自己身上的那種虛無感，就意味著你已經戰勝了周邊環境的庸常，就意味著你可能過上一種更有意義的生活，或云：積極生活。因此，當小狐叫我寫一篇有關「教師的幸福感」的文章時，我化用了哈威爾的文章標題「第二口氣」。我通過自己的閱讀和思考，通過與朋友們的砥礪，獲得了對人生、對所謂的

「意義」的嶄新認知，這便是我的「第二口氣」。而我現在繼續給孩子們開書單，繼續做「人文大講堂」，並不再滿懷頹喪，原因就在這裏。

曾經我懷疑，啟蒙是危險的，因而我對自己的做法充滿矛盾。現在我可以說，這個問題基本解決了。就像我說的，10年前，閱讀帶給我的不是自由而是枷鎖，原因只因為我讀的還不夠多，我的思考還沒有成熟。而啟蒙之所以是危險的，也僅僅因為，他獲得的啟蒙還不夠。就像錢韋同學在作文中的發洩，那僅僅出於一種一知半解的情緒。胡適說，僅做好事是不夠的，必得用好的方式去做。

現在這個講座已經成為一個常態了，一般每個學期都會有兩個以上的講座，傅國湧、郭初陽都給我們學校做過講座。對一部分同學而言，聽講座成了一個節日，他們到時間了，便會來問我，最近有什麼講座。而這些講座起到的作用也是比較明顯的。郭初陽的講座結束之後，我的學生紛紛向我提意見，瞿林權退場的時候就跟我說，老師，被比下去了哦。另一位同學在隨筆本裏說，老師，你跟郭老師比起來，差遠了，至少你應該向他學習，朗讀詩歌的時候要有感情。通過郭初陽，他們知道了杭州外國語學校，知道了杭外那些個傑出的中學生。這件事最關鍵的地方在於，他們知道了同齡人究竟在思考什麼，可能思考什麼。這比我單向的灌輸有作用多了，也比閱讀大哲的著作有實效多了。因為單向灌輸容易引起他們的厭惡，我班裏現在就有一個永遠的反對派，只要他的語文老師支持的，他就反對；而大哲儘管高屋建瓴，但往往太抽象而不能對他們的現實生活產生具體指導，同齡人的思考，更具有現場感，是可以參照的。

這幾年裏面，我比較喜歡兩個男生，一個叫裘舒龍，一個叫王小波。他們現在讀大二了，他們見證了人文大講堂的初創時期。

裘很好玩，我剛接手這個班，開書單叫他們讀書，裘是一種比較玩世不恭的姿態。我猜裘當時也有些看不起我之類的——你這樣的語文老師我見多了！但恰恰裘這種姿態是我喜歡的。這樣的小男孩，他之所以玩世不恭，正因為他比別的孩子肯思考。後來他就很認真的做了一些事情。假期裏，他寫了一系列尋訪他父親年輕時政治生活的文章，公社、生產隊、文革、紅衛兵等，多數為他們這代人不知道的東西，他用自己跟父親、祖父的問答，復活出來。我把這些質樸具體的文章在全班面前讀。

我繼續修改我的書單，把它印出來，交給學生。加進了一些有關公民素養和憲政民主的書籍。因為變化沒有以前那麼大，是局部修改，我把這個書單叫做2.1版。現在看起來，2006年的那個書單我還是比較滿意的，可以說，基本上擺脫了文學青年的污名。我也繼續開讀書會，繼續給他們看電影。不過，我更注意到一點，就是學生的個體差異。所以有時候會單獨給某一位同學一些個人建議。

這一屆的孩子，可能比上一屆的稍微幸運一點。因為我改變了以往的一些看法。以前我曾大言不慚的跟人說，這些孩子碰上我去教他們語文，已經很幸運了，我幹嘛還要兢兢業業的備課呢？現在我為這句話汗顏。我都不知道自己當年灰暗的心情究竟給孩子們造成過怎樣的影響。唉，願理想的光永遠照耀他們。

在接手這個班級之前，我心裏有了打算。我準備的一些電影和一些書，都是循序漸進的。因為本地的高中生，其實在初中階段就沒讀過什麼書。我多年之前就做過調查，新高一的孩子們幾乎都沒有讀過一本我的概念中的好書，知道余秋雨的已經不錯了。所以我制定了一個階梯狀的閱讀表。先讀童話，《小王子》、《夏綠蒂的網》以及安徒生，我認為，讀過這些童話，才會知道，世界上是有真正的美和善良存在的，那麼我們無論在多麼幽暗的時刻，都不會喪失對未來對人性的信心；接著是一些好讀的文學性作品和一些傳記，審美的或者鍛鍊人的意志的；接著是一些歷史事實的東西，尤其是近代史，也包括治歷史的方法；再是一些稍微有些學理的東西。說出真相總是有意義的，這是我的基本信念。

　　電影也一樣，由美好和善良入手，逐漸去探索這個時代的真相，瞭解隱藏在事情表面之後的根本原因。比如第一部電影是《放牛班的春天》，接著是《死亡詩社》，賈樟柯、《楚門的世界》、《再見列寧》、《竊聽風暴》等，看到最後就是紀錄片了。

　　我有一個遠大的理想，既然我要繼續做教師，我就要逐漸在我的課堂中、我的教學活動中貫徹我公民教育的理想。潛移默化的、春風化雨的、水到渠成的那種。至於能做到幾層，那是後話。

　　裘見我每天在課堂放毒，有些懷疑：你這是害我們還是想叫我們啟蒙？這個時候菜蟲蟲又恰好來到了我的生活中，他就寫郵件問我，你怎麼做父親，你會告訴他這些所謂的真實嗎。這就是我寫〈我們現在如何做父親〉一文的原因。我怎樣對待我的學生，我也會怎樣對待自己的孩子。這篇東西，是我

的真實想法，私下裏以為，我的看法和做法，一定程度上超越了魯迅那篇同題作文。

裘和王是好朋友。王較為內向，裘更加開朗。王也有很多有意思的事情。那年下半年，本地選人大代表，他們已經拿了身份證了，第一次作為選民，排隊在體育館投票，候選人是兩個誰也不認識的符號式的人物。王就理解為這是踐踏他們的公民權利。在投票的時候，王把兩個人名塗去了，寫了自己的名字。這個事情被班主任看見了，就說，這有什麼意思呢？這件事，裘和王來問我，恰好我忙，沒有即刻跟他們長聊，後來在放學路上，我碰到王了，我說，我認為這是有意義的。這個意義不在於你會不會被選上，而是，你認識到自己的公民權利了，這就是意義。也在於，我們要有勇氣，表達自己真實的想法。還在於，我們通過做這件事情，找到了公民的尊嚴。

王放學騎車回家，跟我同路，有幾次我們碰到了，一起騎回家，邊騎邊聊。總之，我想告訴他們，生活本身也是美好的，但社會進步會很慢。有一點讓我很放心，他們都是熱愛生活的，愛體育、愛藝術，身上有很飽滿的情感。相比而言，裘更開朗幽默，王更文學化一些。

高三畢業後，裘來問我借書時，送了我一件特製的T恤衫，他們家是開服裝廠的，上面印了這句話：「I was born intelligent, but education ruined me.」。

這是我教書至今收到的最珍貴的兩件禮物之一。另一件珍貴禮物僅僅是一句話，一位畢業多年的學生，新近在她博客裏貼了一篇北京遊記，篇首有一句獻詞：獻給教會了我思考的蔡老師。這是對我的最高肯定，勝過任何獎賞。

2、閱讀會內化為血脈與骨骼
——我的閱讀史

　　起初，我只喜歡中國古典文學，這種單純的喜歡持續了好幾年，從初二開始讀《詩經》，到大一對先秦諸子和魏晉風度的傾心。那時候，我覺得這些就是文學的全部，除此之外便無宇宙。這種對古典的熱愛很大程度上要歸因於我兄長的影響，他大我4歲，我還在讀小學時，他便去外地求學了。假期裏，他總會給我帶回來很多書，我當時讀的那本《詩經選》現在還收藏在老家，是余冠英的選本，繁體，上海古籍版。最初吸引我的是〈蒹葭〉這一篇，我被那種夷猶瀟灑之美震動了。繁體字不能一一認識，就一邊翻字典，一邊讀，那種狂熱，我現在還覺得震驚。我現在會背的《詩經》裏多首詩歌，大多都是當時就記熟的。高中我繼續待在這個叫「草塔」的江南小鎮，對古典文學的熱愛有增無已。這三年對我影響最大的是兩本書，一是龍榆生的《唐宋名家詞選釋》，一本是王力的《詩詞格律》。我更喜歡前一本，也是繁體字，上海古籍社的版本。因為這個我一直對上海古籍出版社充滿熱愛，就像現在愛三聯書店、愛中華書局、愛商務印書館、愛遼寧教育出版社一樣。這時繁體字對我已經不構成困難了，我在這本書裏樂而忘歸。相比於花間派的穠豔，我更喜歡清新而淒惻的李煜。我還記得注釋裏對李煜的評價，叫「粗服亂頭不掩國色」。我也喜歡蘇軾和辛棄疾，蘇軾那首〈定風坡〉，

「莫聽穿林打葉聲，何妨吟嘯且徐行」，是很多人的最愛，辛棄疾我獨喜一句「春在溪頭薺菜花」。

我的兄長那時候在一個叫「街亭」的鎮上工作，有時也寫詩、寫小說。我至今仍覺得他未發表的小說〈荒城〉已經達到了很高的藝術成就。暑假裏我到他那裏玩，他的住處在一個山腳下，一條叫「流霞江」的河流蜿蜒而過，我站在陽台上，遠遠眺望田野。我跟我的兄長做過很多次按韻填詞的事情，現在看來似乎很傻，我們翻開韻書，指定幾個韻腳，開始填詞，大多數時候我做不過他，只有一次，他認為我寫得比他好，當然，那裏有更多的鼓勵成分在。我還記得這一首〈採桑子〉的幾句：「陌上鳴蜇聲不齊，薄暮江山，煙樹萋萋……絕情最是流霞江，無語歸西，何事淒迷？」

現在人教社新編的高中教材裏有很多古典詩歌，《詩經》裏的，有〈氓〉、〈靜女〉、〈無衣〉什麼的，唐詩宋詞有李白、杜甫、李賀、蘇軾什麼的，教材都要求學生背誦默寫，因為一個單元接一個單元，一首接一首，強度比較大，即便很喜歡這些詩歌的同學也深以為苦，經常完不成背誦任務。有一堂課，我叫同學們把書本打開，我就從第一首詩歌開始，一路迤邐的背了下去，學生一片驚服的神色。我承認這個表演有炫耀的成分在裏面，使我獲得虛榮心的滿足，但我同時也告訴他們，中學時代記下來的詩詞歌賦，將永遠留在一個人的心底深處，影響這個人的審美品格，化為這個人的血脈與骨髓，內化到這個人的人格裏。這也是我的切身體驗。我在較大程度上是個敏感的人，喜歡寫一些抒情的小散文，這大約跟我骨子裏的文人氣質有關。這一點大約是真的，我還可以舉一個例子，前不久在杭州見傅國湧先生，聽他談到成都的蕭雪慧老

師，他說蕭老師就是在少年時期就基本通讀了古希臘、羅馬的作品，這積澱在她身上，就成了一種底氣，環顧國內，似乎還沒有哪一位學者有這樣的底氣。

大學一年級基本上在渾渾噩噩裏度過，除了古典文學，視野一直無法打開。直到我讀了一本小說：加西亞·馬奎斯《百年孤獨》。高三時我曾讀過這本書，愣是什麼也沒看懂，但這次讀完，我覺得我心靈上某個地方被照亮了，我的視野被打開了，一個嶄新的世界呈現在我的面前。幾年後我讀馬奎斯的創作談《芭樂飄香》，看到其中一節我幾乎笑倒。馬奎斯說他當時在法國留學，躲在悶熱的閣樓上讀書寫作，一天，他讀到卡夫卡的《變形記》：一天早晨，格列高爾·薩姆沙從不安的睡眠中醒來，突然發現自己變成了一隻大甲蟲……馬奎斯說，他恍然大悟，原來小說還可以這麼寫。我看到《百年孤寂》的感受何嘗不是如此：原來，還有這樣的文學！我一直將馬奎斯的這本書當作我的啟蒙讀物，原因就在這裏。從此我開始追蹤西方現代派小說，從馬奎斯、阿斯圖里亞斯的魔幻現實主義，到福克納、喬伊絲的意識流；從羅布葛里耶的新小說，到博爾赫斯的迷宮，到憂鬱的卡夫卡……閱讀帶來一次又一次的驚喜。

大學的寢室狹窄陰暗，我的更狹窄的床上一半堆滿了書，於是常想起一句詩：「寂寂寥寥揚子居，歲歲年年一床書。」夜晚，熄燈了，我點起蠟燭讀書，福克納的《喧嘩與騷動》就是這樣兩個晚上讀完的。或者站在走廊的路燈下讀書，馬奎斯的中篇《一個沒有人給他寫信的上校》，裏面的名句我到現在還能記得：上校覺得他的胃裏長出了有毒的蘑

菇。晚歸的室友多以為我是一個武俠小說迷，因為大多數情況只有武俠才能使人這麼投入。

差不多同時我開始了對當代中國文學的關注，我的切入點是先鋒派小說。北村《施洗的河》的閱讀經驗也是很奇異的，之前我讀過當代作家賈平凹、王蒙、王朔等人，我從此發現了一個嶄新的作家群體，他們被叫做「先鋒派」。北村的這本書使我開始對基督教產生興趣，於是就跟同學一起去思澄堂聽佈道，雖然不好聽，但最大的收穫是買了《聖經》，開始翻閱，我把施洗者約翰在曠野的呼告貼在床頭：天國近了，你們應該悔改！我把這一路先鋒小說家幾乎都讀遍了，馬原、洪峰、呂新、孫甘露、格非、扎西達娃、余華、北村、殘雪、蘇童等等，其中我最喜歡三位，馬原、北村和余華。這種跟西方現代文學的對照閱讀是很有意思的，我從格非那裏看到博爾赫斯的影子，從余華那裏看到卡夫卡和川端康成的影子，而扎西達娃的《野貓走過漫漫歲月》，我敢說就是一次對馬奎斯的翻版。所以有文學批評家出來說我們的先鋒派基本上只是把西方現代派給演習了一遍，我覺得很有道理。但這不是說當代作家便沒有達到一個高度，他們獲得的成就，應該有專文來論述。2001年的時候，馬原和格非分別出了一本書，馬原的叫《閱讀大師》，格非的叫《塞壬的歌聲》，回顧了他們的創作生涯，均談到西方現代派小說對他們的影響，這多少證明了我當年閱讀時的直覺。不過我認為當代最棒的還是史鐵生，他有深刻的沉思。

當然我也讀一些經典作品，值得我一提的小說家有雨果、羅曼‧羅蘭、茨威格和帕斯捷爾納克，詩人有荷爾德林、葉芝、里奎等。如果說現代派文學叫我看到存在的深

淵，那麼，雨果這位浪漫主義作家，則給了我人道主義精神的滋養。我喜歡《九三年》、《約翰·克利斯朵夫》、《日瓦戈醫生》，讀這幾本小說，曾經不止一次熱血上湧熱淚盈眶。2003年三聯書店出了旅美華人林達的一本書，叫《帶一本書去巴黎》，他帶上的書，就是《九三年》。

大學三年級時，我開始關心文藝思想。這時對我影響最大的是兩個人，李澤厚和劉小楓。李澤厚我最初讀他跟劉綱紀一起編的《中國美學史》，讀出味道後就記住了李澤厚這個名字。我當時得到美學老師表揚的幾篇文章，其立意基本上來自李澤厚。但是我得到《李澤厚十年集》，開始系統的看他的歷代思想史論，是在大學畢業後。我的同學郭初陽在畢業時送了我這套安徽文藝出版社的書，並化用清代詩人顧貞觀的句子，寫在扉頁上「四年來，深恩負盡，死生師友」。我總是很感念大學時的幾位愛讀書的好朋友，互相扶持、互相取暖，沒有他們，我不知道我的生活會變得怎樣。我最近讀的李澤厚的書是他2002年出的《浮生論學》，他跟陳明的對談，讀完總覺得李澤厚的思想似乎沒有什麼發展，他不斷的強調，他80年代提出的很多東西，只是一個框架，裏面很值得深究。

現在我漸漸不那麼喜歡劉小楓了。月初劉小楓在浙江大學做一系列講座，本想去聽，終究走不開。想到我當年瘋狂的崇拜劉小楓，真是此一時，彼一時。當時我們學校有一位很有個性的青年教師，叫黃岳杰，現在他已經是文學院院長了，因為某些原因，他當時還在檔案室呢。他雖沒有直接教到我，不過對我影響卻很大。我最為感激他的一點，就是他介紹我知道了劉小楓，他把《拯救與逍遙》借給我讀了。說實話，之前我從來沒有想到，文藝批評還可以寫成這個樣子！對劉小楓，我

簡直是驚服。我曾大言不慚的跟朋友說，我也要像劉小楓先生一樣，從文學學士，到哲學碩士，再到神學博士。話猶在耳啊，可是我一直在一個偏遠城市當教師，一去8年，越來越不思上進，年少輕狂時緋色的夢，想起來叫人汗顏。黃老師介紹《拯救與逍遙》，起因在於我們一次關於海子自殺事件的談話，《拯救與逍遙》的序言就是〈詩人自殺的意義〉，劉小楓一起手就引用了卡謬的《薛西福斯神話》，說真正的哲學問題只有一個，那就是自殺，判斷一個人是否值得活下去，就是哲學的根本問題。這有助於我理解我最喜歡的詩人海子，也使我對自己的人生，有了別樣的看法。畢業後的最初幾年中，由於遠離文化中心，遠離朋友，孤獨寂寞的心緒經常來侵犯我，我也曾頹廢了很久，因為我一度無法斷定，我的人生是否還有意義。

跟追蹤劉小楓同時，我喜歡上了一位當代的雜文家和小說家，王小波。我94年在《花城》上看到他的中篇《革命時期的愛情》，從此對他一見傾心。我為了他每個禮拜都買《南方週末》看，因為上面有他的專欄。現在有很多王小波的擁躉，都推崇王小波的小說，甚至有一群人號稱自己是「王小波門下走狗」。我對他們很不屑。事實上這群人並沒有怎麼看懂王小波，我更推崇王小波的雜文，他以無厘頭的方式，完成了顛覆，實現了啟蒙。他並沒有多少高深的思想，依靠的無非是英美的經驗主義理性，但是他強調一個常識，而這恰恰是我們國人所缺少的。我現在比較喜歡讀羅素，就是從王小波那裏接受的影響。

1996年我來到紹興稽山中學，從此一動不動。這8年間我也經歷了3個階段，一是大學閱讀的慣性階段，我仍是跟以往

一般，買書讀書。這時候我的閱讀視野已漸漸開始轉向思想歷史。前幾天整理舊書，翻到當時的讀書筆記，看到這麼一句話「余英時令我耳目大開」。這是真的，在此之前，海外漢學界還在我的視野之外。我讀余英時的《士與中國文化》，讀林毓生殷海光通信錄，我還喜歡江蘇人民出版社的一套「海外中國研究叢書」。夏志清和夏濟安兄弟也進入我的視野，不過讀到夏志清的《人的文學》，以及夏濟安的文學批評和日記等，要等到遼寧教育出版社的「萬有文庫」出版之後，夏志清的名作《中國現代小說史》，更是輾轉到上個月才讀到。我曾經用了很大的功夫讀牟宗三，不過我不知道得到了些什麼，現在一點也想不起。

我開始重新關注歷史，尤其是中國近代史，其實也要感謝上文提到過的那位黃老師。他告訴我費正清主編的《劍橋中國史》值得一讀。於是費正清、崔瑞德、史景遷、黃仁宇、唐德剛、孔飛力等中國史研究家才漸漸進入我的閱讀。費正清我要大大的感謝他一下，劍橋史我沒有通讀完，只挑了隋唐史、晚清史和中華人民共和國史來讀，這種閱讀是有祛毒的功效的。後來我又讀了費正清《偉大的中國革命》和《美國與中國》。不過讀歷史最愉快的經歷還是唐德剛和黃仁宇，我極喜歡唐德剛的文風，汪洋恣肆，活潑跳脫。黃仁宇比較嚴肅些，我先讀他的《萬曆十五年》，知道「道德」這個東西，歸根究柢是無用的，後來讀《黃河青山》，知道了什麼叫「數目字」管理。黃仁宇的幾本書我都幾乎翻了一下，最喜歡還是《萬曆十五年》和《黃河青山》，前者深入淺出，後者有他自己的沉痛在裏面。他和唐德剛一樣，都有強烈的民族情緒，但是黃仁宇更內斂，而唐德剛更狂放。而其實對我的歷史觀產生

顛覆性影響的，是湯因比。我起初讀的是湯因比的兩本書：
《人類與地球母親》和《展望21世紀——池田大作湯因比對話
錄》，後來讀了《歷史研究》，整個歷史視野就大起來，覺得
初步具有了全球的眼光。我也很想花大力氣把費爾南·布羅代
爾給讀了，不過他的書買來了，一直放在書架上，沒有時間通
讀。這也是我很遺憾的。

　　這種讀書的慣性大約持續了3年，接下去就是2年左右的
消沉，什麼書也不讀，像要把自己掩埋起來一樣。一直到從
2001年，因為網路的刺激，我才重新拾起書本。

　　這幾年對我影響最大的，大概要算林賢治、楊小凱、傅
國湧等幾位先生了。我有一次在網上寫文章，被網友一眼看
穿，說你受了林賢治很大的影響啊。的確，林賢治先生的很多
東西我都服為確論，比如他的《五十年：散文與自由的一種觀
察》，他犀利的剖析，使一些所謂的文壇名流無處遁形。楊小
凱教授被認為是最有可能獲得諾貝爾經濟學獎的華人經濟學
家，不過我最愛讀的，不是他的經濟學方面的專業著作，而是
一些關於國內國際的時評類文字，這些文字總是叫我很有收
穫。我把網上他的《百年中國經濟學史筆記》列印了一份，這
是我第一本自製的書。我看經濟學，主要就看楊小凱、張五常
和茅于軾，偶爾讀一些汪丁丁跟林行止。薩繆爾森、亞當斯密
等經典著作，我一直不敢讀。這是我閱讀的盲點之一。

　　我接觸波普爾、哈耶克、貢斯當、托克維爾、以賽亞·
柏林等西方大哲，還是近一兩年的事。我似乎一直是一個感性
更多於理性的人，純粹的邏輯思辨，很大程度上可以看作我的
命門。所以對這些西方大哲，並不敢妄評。

在教書的前幾年裏，我一直認為中國其實沒有教育學，於是也從不讀教育方面的書。以前偶爾看到一些談教育的論文，要麼覺得空洞無物，要麼就覺得是平面的技術主義。於是也不肯「浪費」時間在這個上面。倒是1997年以來關於語文的大討論中，很多語文圈子以外的人，說了很多在理的話。錢理群先生是其中突出的一位。我讀了他的《語文教育門外談》，對「打下精神的底子」這句話比較認同。錢理群先生也是一位肯做實事的長者。余杰和摩羅很有鋒芒，但太憤怒了一些，他們談論語文教育的問題，其實很多不是教育本身的問題，就像秦暉說的，教育有問題，但不是教育的問題。孫紹振先生對考試制度照抄託福樣式的批評，很好，指出現實的缺陷，也有理論依據。現在其實很多跟教育本不甚相干的大學者都十分關心教育，比如秦暉、蕭雪慧、丁東、謝泳、傅國湧等，他們都做了很多有益的事情。從他們的努力，我看到了自己作為一個一線教師遠遠不夠的地方，也許致命的一點在於，我對教育本身不夠虔誠，我開始懷疑自己身上有犬儒化的傾向。去年以來吧，我買了很多教育類的書籍，開始翻看。我把教育科學出版社的一套「世界課程與教學新理論文庫」都給買了，剛讀完《後現代課程觀》，感覺還不錯，它提供了嶄新的視角。不過我無法預見這些閱讀會給我的教書生涯帶來怎樣的變化。只能走著瞧了。

2004年6月

3、〈讚美〉

——我將用怎樣帶血的歌喉？

　　我有時會難以控制自己的感情，哪怕在語文課堂上。雖然我一直認為煽情是可恥的，就像劉支書助理說朗讀是可恥的。絕大多數時候我一看到抒情散文或者抒情詩歌，就渾身起雞皮疙瘩。這使我帶著一種偏執的謬見，我從生理上反感「美文」。這或許對那些真誠的作者太不公平。但是我懷疑這些「真誠的作者」，正如我對自己的質問，你的難以控制自己的感情，是否僅僅因為，你覺得自己應該被感動。很多時候，我們擺出了要受到感動的姿態，廉價的感動便如約而至。我唾棄這些廉價的感動。

　　幾年來我十分自然的使得自己的課堂充滿了無厘頭的喜劇效果，我們在笑聲中發現習見的所謂「常識」其實只是一個笑話，我們的生活不是充滿了荒誕感，而是，我們的生活本身就是荒誕。能夠在這荒誕中挺住，黑色幽默也許是唯一的途徑。比如，據說要在學校進行「誠信教育」，但是我們必須在絕大多數時候說謊才能夠被大眾認可。

　　我在課堂上給學生朗讀這首〈讚美〉，讀到「在恥辱裏生活的人民，佝僂的人民」一句，眼圈竟有些發紅，怕學生看見，我將書本抬起，遮住自己的臉。

與此相類似的一個事情發生在幾年以前，我跟學生講杜甫的〈登岳陽樓〉，「戎馬關山北，憑軒涕泗流」，在那一剎那，我被這句詩歌擊中，竟然語聲哽咽，不能自已。

樂觀主義是浮淺的，在潮水般洶湧的人民的苦難面前，輕與重的分判不需要過多的猶豫。任何言語都會黯然失色，我們無法呈現一個痛苦中的民族，一個痛苦中的個體。

杜甫的詩歌為什麼叫「詩史」，「史」是一個厚重的概念，它裏面有大地和天空。一度我對古代的士大夫頗有腹誹，我不能原諒那些「憫農」的詩歌，白居易錦衣玉食，你輕輕的說一句「兩鬢蒼蒼十指黑」就能夠抵消你建立在無數農夫流血流汗之上的奢華生活嗎？昨天讀愛因斯坦《我的信仰》，他說：「我強烈地嚮往著儉樸的生活。並且時常為發現自己佔用了同胞的過多的勞動而難以承受。」我無言。

這一次〈讚美〉這首詩歌，我跟學生們花了一個禮拜的時間來學習。這是我第二次在課堂上講〈讚美〉，以前穆旦這首詩歌是高二上冊的，帶上一屆時我沒有花多少時間，這次，我很放縱，我和學生一遍又一遍的朗讀，似乎呼嘯在廣袤蕭瑟的亞洲平原上的風，一直吹刮著我，吹面如刀。

2004年11月

4、馬丁・路德・金
——在非暴力的譜系

　　1968年4月4日，馬丁・路德・金在田納西州孟菲斯市的洛林汽車旅店被槍殺身亡，這位一輩子崇尚用非暴力手段進行鬥爭的黑人領袖，最終死在暴力的手下。這正如馬丁・路德・金願意追隨的聖雄甘地，甘地一生在印度號召人們用非暴力不合作的方式，進行不屈的鬥爭，最終贏得了印度的獨立，但是他最後也死在暴力之下。

　　這種主張非暴力的傑出人物最終死在暴力之下的結局，始終使得非暴力抵抗這種方式存在著爭議。葦岸在談到這兩件事情的時候，他說：「這近似必然的悲壯結局，使廣大的普通民眾對非暴力主義試圖通過自我受難與犧牲，從而溶化人性堅冰的光輝努力，始終存有異議。」人類究竟在多大的可能程度下，才會最終明白，暴力換來的可能僅僅只是暴力，我們是否可能在此之外尋找另外一條道路？

　　馬丁・路德・金死於槍殺，但馬丁・路德・金卻在很大程度上勝利了。海子的詩歌說「我必將失敗，但詩歌本身以太陽必將勝利」，這就是馬丁・路德・金的榮耀。在他身後，黑人的社會地位得到了空前的提高，美國成為一個在更大程度上實現了民主平等原則的自由國度。今年，在美國「民權運動之母」羅莎・帕克斯的葬禮上，國務卿賴斯說，「我敢說，

如果沒有帕克斯女士，我今天將不會以國務卿的身份站在這裏。」賴斯還說，「她不僅引發了一場自由革命，而且引發了美國第二次解放運動。她因此得到全世界的敬仰。」我想，這句話同樣應該說給馬丁‧路德‧金，他同樣當之無愧。

很多時候我們把托爾斯泰當作第一個對非暴力的思想進行系統闡述的人，在《天國在你心中》一書裏，托爾斯泰認為基督教的本旨已經宣示了不以暴力抵抗惡人的信條。而其實，在托爾斯泰之前，已經有很多傑出的人士提出了這樣見解。比如托爾斯泰在書的第一章中引述的美國人威廉‧羅伊特‧卡里遜在1838年的有關言論。卡里遜指出：「人類歷史的大量事實證明，肉體強制無益於道德的改造；人的罪孽深重的習性只能用愛來征服；邪惡只能用善來根除。……只有溫良才能與大地用永在。」

與卡里遜接近的還有另一個美國人巴羅，他在「不抵抗問答錄」中，詳細回答了人們對不抵抗主義的疑問。首先，「不抵抗」這個詞語出自《聖經‧馬太福音》，耶穌基督的訓示：不要抵抗惡人。巴羅對不抵抗的基本解釋是，不堅持用邪惡對抗邪惡，應該用正當手段而不是邪惡的手段反對邪惡。巴羅在50年的時間裏撰寫出版了許多書，對非暴力思想作了令人讚歎的思考。托爾斯泰謙虛的提到，他因為自己的想法跟前人有許多異曲同工之妙而激動。

我們可以把馬丁‧路德‧金的關於非暴力反抗的6個基本原則羅列出來，作為比照。我們發現，馬丁‧路德‧金的思想較之前人，有了進一步的發展。這6個基本原則分別是：

1. 它並非消極，而仍是反抗，且從根本上說是強者的手段；

2. 它不尋求打敗或羞辱對手，而是要贏得他的友誼和理解；

3. 它抵抗的目標是指向邪惡本身而非在行這些惡的人；

4. 非暴力反抗者願意接受痛苦而不報復，接受對方打擊而不還擊；

5. 非暴力反抗者不僅避免外在的物質暴力，也避免內在的精神暴力，即不是恨，而是愛對方。這裏的愛不是愛欲，也不是友誼，而是指一種冷靜、理解、善意、尋求保存和創造共同體的愛；

6. 非暴力反抗者深信世界是站在正義一邊的，深信未來。

　　值得一提的是美國政治學大師羅爾斯。羅爾斯《正義論》中詳細闡述了非暴力反抗的定義、證明和作用，他對非暴力思想作出了法理性的思考。羅爾斯將非暴力反抗定義為「一種公開的、非暴力的，既是按照良心、又是政治性的違反法律的行為，其目的通常是為了使政府的法律或政策發生一種改變。通過這種方式的行動，一個人訴諸共同體多數人的正義感，宣稱按照他們經過深思熟慮的觀點，自由和平等的人們之間的社會合作原則此刻沒有受到尊重」。

　　在馬丁・路德・金之前，有甘地在印度領導的非暴力不抵抗運動。這是第一次大規模的群眾性非暴力運動。甘地瘦骨嶙峋的身體包含的人格力量照耀著整個印度。他帶領人民，以最小的代價、最和平的方式，最有效的摧毀了一個帝國的殖民統治，獲得了民族的獨立和自由。儘管甘地最終死於槍殺，但甘地的影響卻超出了印度一國，他是世界的偉人，他對非暴力不合作的思考和實踐，是全人類的共同財富。

　　在馬丁・路德・金之後，南非出了一個黑人領袖曼德拉，曼德拉非暴力的鬥爭，最終瓦解了南非的種族隔離制

度。1993年，曼德拉在諾貝爾和平獎的獲獎致詞中，提到了同為和平獎獲得者的馬丁‧路德‧金。曼德拉認為馬丁‧路德‧金始終不倦的探索並且獻出了生命，他對面臨的問題作了深入的思考並且找到了正確的解決辦法，這些問題同樣是南非人曾經必須面對的。

對於一個一直相信「槍桿子裏出政權」的民族，非暴力的思想有著特殊的意義，這是一種嶄新的思想資源，給了我們一個新的起點，我將之看作是一種超越了功利計較、超越了成王敗寇的帶有神性光輝的世界觀。它告訴我們，也許，還存在著另外一條不同以往的嶄新道路。

2005年11日

5、《敬畏生命》
——一種謙卑的生命倫理

　　1919年2月23日，在斯特拉斯堡的聖尼古拉教堂，史懷哲對自己「敬畏生命」的倫理思想進行了第一次公開闡述：「善是保存喝促進生命，惡是阻礙和毀滅生命。如果我們擺脫自己的偏見，拋棄我們對其他生命的疏遠性，與我們周圍的生命休戚與共，那麼我們就是道德的。只有這樣，我們才是真正的人；只有這樣，我們才會有一種特殊的、不會失去的、不斷發展的和方向明確的德性。」

　　在幾十年的時間裏，史懷哲一直在發展他敬畏生命的思想，1952年，在法蘭西科學院的演講中，他的表述更加簡捷和完整，「敬畏生命」不是無來由的，而是建立在每一個個體的生存意志之中的。「在我們生存的每一瞬間都被意識到的基本事實是：我是要求生存的生命，我在要求生存的生命之中。我的生命意志的神秘在於，我感受到有必要，滿懷同情地對待生存於我之外的所有生命意志」。這樣，通過對所有生物的倫理行為，史懷哲說，我們與宇宙建立了一種精神的關係。

　　史懷哲所說的「生命」，指的是自然界一切有生命意志的個體。自然界是多麼的神奇！它產生了無數個生命，這些生命各具特色，飛禽走獸、花鳥蟲魚，它們在各自自足的世界裏盡情滋生，舒展它們的生命意志。但是大自然又是充滿著那麼多的痛苦與死亡，大自然以最有意義的方式產生著各種生

命，而又以最無意義的方式毀滅著它們。「他的殘忍毫無意義」！為什麼生命必須以犧牲其他生命的為代價的方式，才能夠獲得自身的生存？在這個世界，生命充滿了相互的鬥爭，給自己帶去無窮的痛苦與死亡。史懷哲說：「受制於盲目的利己主義的世界，就像一條漆黑的峽谷，光明僅僅停留在山峰之上。所有生命都必然生存於黑暗之中，只有一種生命能擺脫黑暗，看到光明。這種生命是最高的生命，人。只有人能夠認識到敬畏生命，能夠擺脫其餘生物苦陷其中的無知。」而敬畏生命這個詞語的提出，何嘗不也是同樣的一道光芒？

敬畏生命是一種真正的人道思想，建立在平等的基礎之上。這個光一般的辭彙來到史懷哲腦海，也充滿了傳奇。那是1915年9月的一天，史懷哲與他的妻子在非洲的一條河流上航行，在沙灘的左邊，4隻河馬和他們的幼仔也在向前遊動。這時，「極度疲乏和沮喪」的史懷哲在腦海裏突然出現了這個概念——敬畏生命，他立刻意識到，緊緊局限於人與人之間的倫理學，無論如何，都是不完整的。每一個生命，都有其自身的生命意志，我們對於外在於我們的生命，又知道些什麼呢？

很多人將史懷哲的思想跟佛陀眾生平等的思想聯繫起來看。的確，史懷哲深受東方宗教和哲學的影響，但是史懷哲看待生命，是對等的，裏面有一種尊重，最合適的一個詞語，還是敬畏。佛陀的眾生平等，是因為他將整個世界，看作為一個整體。佛教有一個輪回轉世的說法，自然要說眾生平等。但是印度的種姓制度作為一種嚴酷的等級制度的存在，使得「眾生平等」一直有他的困境。也就是說，真正的平等不可能實現。李叔同臨終的遺言裏說，要在他的佛龕下面墊幾隻碗，碗裏盛滿清水，以免火化的時候傷到小動物，這固然是對生命的

愛憐，境界不可謂不高。不過這裏對待小動物，仍是一種居高臨下的姿態，這些生命之間，依舊是不對等的，甚至難免施捨的嫌疑。史懷哲是真正的平等，所謂敬畏，是謙卑的、低姿態的。

重要的一點在於，敬畏生命是一種行動的哲學，它促使任何人，關懷他周圍的所有人和生物的命運，並給以他需要的真正的人道幫助。史懷哲也是這樣一個身體力行者，他放棄在歐洲的優渥生活，一輩子在非洲行醫。他從個體的生命出發，成為個世界主義者，始終為了籠罩在人類頭上的核子的陰影而憂心忡忡，並為世界的和平而奔走呼籲。這一點跟敬畏生命這一思想也是吻合的，因為敬畏生命倫理的關鍵是行動的意願，它可以把有關行動效果的一切問題擱置一邊。這個意思是說，敬畏生命只要求人們行動，而不靠考慮究竟能產生什麼成果。也就是說，史懷哲只提供我們面對世界的一種行動可能，不提供解決問題的終極答案。因此，即便從觀念本身看，敬畏生命的提出，也充滿著謙卑精神。

正因為史懷哲不企圖提供解決問題的終極答案，所以史懷哲清醒的看到了敬畏生命這一道德倫理的悖論。我們究竟應該在怎樣的限度下不殺生？史懷哲從土人手裏救下了一隻幼小的魚鷹，於是他面臨一個選擇，為了敬畏生命，他究竟應該讓這只魚鷹挨餓，還是犧牲許多小魚，而讓魚鷹活下來？史懷哲選擇了後者。面對這樣的倫理困境，史懷哲說，沒有人能為他確定，保存和促進生命的可能性的極限在哪里。在對最高度責任感的指引下，他必須單獨對此作出判決。

2002年有兩個新聞，引起過我的注意。一個是烏克蘭向法國出售一批生豬，經過60多個小時的長途運輸到達後，卻被

法方拒絕入境，理由是這批豬在途中沒有得到充分的休息，沒有考慮到動物福利，違反了法國的有關動物福利規定。

另一個消息是，德國聯邦議院5月17號以壓倒性多數通過了一項在憲法中加入保護動物權利的議案，成為歐洲第一個將動物權益寫入憲法的國家。德國憲法中某條款規定國家有義務尊重和保護人的尊嚴。現在大多數議員同意在「人」字後面加入「和動物」這幾個字。

我覺得，這裏可能有很多的史懷哲的影響。

本文引用史懷哲：《我的呼籲》，全日制普通高級中學教科書，
試驗修訂本，2003年6月第1版、
施韋澤：《敬畏生命》，上海社會科學出版社，
2003年9月第1版，陳澤環譯。

2005年11月

6、追尋傳統是為了接續傳統
——讀《過去的中學》

　　早在傅國湧先生開始編這本書的時候，我便有一種閱讀的期待。作為中學教師，我深刻的知曉目前中學教學面臨的困境。因為我親身參與其中，因為我時常被一個兩難的選擇困擾，我內心便有許多不能言表的痛楚。這是一種切膚之痛，非從事教育或曾從事教育的人們，怕是難以感受。2004年，在杭州三聯書店裏進行的一場關於《中學人文讀本》的研討會上，我發言指出，沒有所謂的素質教育和應試教育之分，有的只是人的教育和非人的教育之分。那種以考試分數和升學率為唯一指歸的、「目中無人」的功利性教育，便是非人的教育。因之我期待這本書，期待這裏的文章能給我、給貧乏的中學教育提供一個借鏡。

　　老實說，閱讀這本書是一次令人傷心的經歷。正如傅國湧在序裏面說的，對這些過去的中學的追憶，都足以引起一個個美麗得令人心傷的記憶。花果飄零，除了怨艾之外，我幾乎無法找到另外的情感。拿到書的前幾天，我還在跟朋友討論，究竟怎麼啦，我們的中學教育到了目前的地步？電影《放牛班的春天》中有個校監，他說他到了「池塘之底」。目前的中學教育，便是這個池塘之底。遲至15年之前，我在讀高中時，中學還不全是這樣的：學生厭學，考試成績差的厭學，考試成績好的同樣厭學；教師除了分數，便無暇再關心任

何其他的東西。師生同時被高考綁架。而原本，求知是人類的天性之一，愛智慧、愛真理，是從人的內心發生出來的一種天然的要求。巴斯卡說人是一棵會思想的葦草，儘管柔弱，但是他會思考，這是最本質的。曾幾何時，中學裏再也沒有了「吾愛吾師，吾更愛真理」的形而上的追求。

《過去的中學》收錄了國內一些最傑出的人物對他們中學階段的回憶。這些名字，已經鐫刻進了中國的歷史：胡適、蔣廷黻、許良英、藍英年、邵燕祥、張思之、錢學森……他們的回憶文章，溫情脈脈，對母校充滿了眷戀、懷念和感激。更重要的是，他們在追憶之中，為我們復活了當年的中學，那種春光燦爛、人性飽滿、元氣淋漓。

以當年最有名的幾所學校為例，揚州中學、南開中學、北師大附中、春暉中學，它們都有嚴謹而開放的校風，淵博而敬業的教師，有遠見而敢於擔當的校長。這幾個因素相輔相成，共同作用，而使得這些學校生氣勃勃。

天津的南開中學聞名一時，曹禺從這裏開始了他的戲劇生涯，南開的新劇團，便是來自張伯苓校長的倡議和推動。對楊肖彭而言，南開給他印象最深的，是南開的開創精神，他用「創、省、嚴、恒」四個字來概括南開精神，這種精神，楊肖彭列舉了一系列細節，表現最為真切具體。因此，端木蕻良在回憶老校長張伯苓的時候，既敬佩，又感念。正是張伯苓首先提出「南開精神」這個詞語，並用「Pioneering」（開拓）這個詞語來概括。

1936年，華北局勢危急，張伯苓鑒於此在重慶沙坪壩建南開分校，名南渝中學，1938年改名為南開中學。這裏同樣承繼了南開的精神。南京劉鶴守老先生編有《沙坪歲月——重慶

南開校園回憶錄》一書，可與《過去的中學》一併參看，近200篇文章深情回憶了在沙坪的難忘時光。在沙坪壩，多元、開放、相容，是辦學的原則，其中包含著公民教育的因素。南開因其得天獨厚的條件，社會名流的演講不絕如縷，有周恩來、馮玉祥、馬寅初、王芸生，甚至美國副總統華萊士等等，學生的視野得到了前所未有的打開。時事辯論會是一個保留節目，張伯苓有時親自出題，當他看到有關於生活瑣事的辯論時，便當夜改題為：「美國是否應該參戰？」社團組織，一切都出自學生自身的興趣，開展得有聲有色。尤其值得一提的是一個詞語，叫做「南開三點半」，意思是，在南開，下午三點半之後，所有學生都要走出教室投入到課外活動中去，如果有誰躲在教室裏做功課，抓住還要扣分數。這對我們當代的中學而言，多麼不可思議！剛前天，敝校因為會考將近，而取消了高二學生難得的一周兩次的課外活動中的一次。

北師大附中，校長林礪儒的演講使張岱年永遠不忘，李德倫也永遠眷戀著「附中味兒」。院士吳徵鎰從揚州中學開始對植物學發生興趣。在上虞白馬湖畔的春暉中學，一時間竟聚集了夏丏尊、朱自清、豐子愷、俞平伯、匡互生等一批頂尖級的人物任教。朱自清當年的關於教育的論述，在現在看來，依舊走在教育理念的前列。名校如此，那些名氣不是很大的中學，也是如此。趙元任對常州溪山學校常懷感情；徐鑄成在無錫的江蘇省立第三師範獲得了啟蒙；施雅風先生說：「農村初中同樣辦得很好！」

追尋這些學校元氣淋漓的原因，我以為關鍵在於這些辦學者深切的認識到了教育的意義。傅國湧說得好：「在本質的意義上，我感到學校不僅是傳承知識的場所，更是培養學生

精神氣質的聖地。走進校園不是為了走進一條課本知識的胡同，而是走向一個追求真善美的廣闊原野……一所學校如果不能讓莘莘學子從中感受一種強烈的人文氛圍，不能給學生潛移默化的人文薰陶……這一所學校就是升學率再高也不會是什麼好學校。」過去的中學之所以使我們懷念，正在於他們超越了現實的功利計較，擁有高遠的精神追求。

中學時代是一個打下精神的底子的時代，在一個人的生長過程中意義尤為重要。過去的中學已為我們建立了一個優良傳統。今天來追尋這些學校的辦學傳統，可為我們當前的借鏡。更為重要的是，既然我們有這個傳統，我們便有了這個「路徑倚賴」，也就是說，追尋傳統，正是為了接續這個傳統。我猜，本書的意義，庶幾在此？

本文引用傅國湧編：《過去的中學》，
長江文藝出版社，2006年4月版。

2006年6月

7、我所不能改變的

——龍應台、安德列《親愛的安德列》

　　我讀到《孩子，你慢慢來》，是妻子懷孕之後。後來菜蟲出生，老婆說，你跟龍應台說的那個詩人挺像的，以前，是個堅決的丁克主義者，有了孩子之後，就推掉跟朋友的約會，回家給孩子泡奶粉餵奶。以前，你覺得跟人家討論小孩的事情，就是墮落，現在，人家要是不跟你討論小孩，你會主動提出來，看似無意其實有意，以博別人關注。

　　龍應台的《孩子，你慢慢來》，給了我很多教益，所以我推薦給很多將為人父母，或者初為人父母的朋友看。我的孩子確還在慢慢成長，他2周歲，不知道什麼是害怕，整天躺在客廳裏開車車，這是他最喜歡的玩具。回頭一看，龍應台家那個親愛的安德列，已經20出頭了。唉，龍應台大媽，你倒是想慢慢來，可他們還是來得太快啦。我的錯覺是，兩年前，安德列還是個騎著小腳踏車的可愛混血男孩，他跟媽媽說中文，跟爸爸說德語，有一天，看見牛奶灑在地上，就說：milk！天，他一出生就懂得三種語言。而現在呢？他竟成了叛逆的「性、藥、搖滾樂」的德國青年，已經不是老媽摟在懷裏那個小寶貝了，老媽在msn上逼供：安德列，你嚴肅的告訴我，你究竟有沒有磕藥？

　　真的哦，親愛的龍應台大媽，都快60歲了。我還記得讀初中時從《文匯讀書週報》知道她的《野火集》和「龍捲風」。我哥哥買了《野火集》的第一個國內版本，現在還在老

家書架上放著，邊上是柏楊的《醜陋的中國人》。龍大媽講的環境污染，那時還沒有來到我的老家，草塔鎮山明水秀，遠遠不是那個陷落的故鄉。今年郭兄給我郵件說，有機會想去草塔再住幾天，我沒回郵件，因為我很焦慮，那個草塔已經不是16年前的草塔了，我們無法回到那個草塔就像不能第二次踏進同一條河裏。哦，鹿港小鎮，骯髒的水，垃圾成堆，田野被新建的千篇一律的民居佔據，遮蔽了我們原本可以眺望遠山的眼睛。這是我的家鄉，而這已經不是我的家鄉。龍應台跟安德列說，她的年輕時代給了她一個底層的社會視角，從而奠定了她的基本價值關懷。我覺得，我現在也有這樣的價值關懷，但是，我將如何跟菜蟲蟲交流呢？

安德列14歲時，龍應台離開德國，去台北做文化局長，任滿回來，安德列18歲，成了一個英俊帥氣的青年，已經是一個他者了。龍應台很焦慮，這個孩子，他在想什麼呢？我還能走進他的內心世界嗎？

有一段時間，我也有一個焦慮。有一天，我的孩子18歲了，我將如何面對他。一個男孩的成長，必然會有一個「弒父」的過程，當菜蟲蟲18歲，他有自己的世界，有自己的價值標準，他會如何看我呢？我會被他冷峻的眼光褫奪一切的虛偽的尊嚴嗎？我想到這個問題，就覺得內心空蕩蕩的，菜蟲18歲的時候，我已經過了50歲了，可是直到現在，我似乎還沒有過完我的青春期，還有16年，我就直接進入老境，需要現在開始做一些什麼準備嗎？我還不明白的是，難道中年就那麼短暫，難道人生就那麼短暫。孩子，我希望你慢慢來，可是你們來得飛快。你看安德列，已經不願意老媽跟他住在一起了。那是在上海，安德列和他弟弟飛力普，他們要自己去認識中

國，龍應台只能租住在另一處房子裏，在工作告一段落的時候，偷偷打車去窗下偷窺。

代溝，會意味著什麼？我們的價值觀，會有哪些重合和分歧？哪些是我所珍愛和認同的，哪些又將是菜蟲一代看重的呢？

我在大學畢業之後，才對父親有一種同情之瞭解。大概是1999年，有一次，父親在電話裏跟我說，你的父母沒大的能耐，給不了你那麼多東西。父親的話語裏有一種歉疚。聽到這句話我眼淚流下來，我說，爸爸，你們給我的已經足夠多了。是的，在我成長的過程中，從小便得到了寬容的環境，物質條件雖然不好，夏天只能看著對面居民戶口的人家吃西瓜——然而即便我當時還是小學生我也並不羨慕。若是現在我還具備較為正直的人格，若是我現在還有較為開放的心態，我想說這是父母從小對我的信任所造就的。即便他們只給我生命，我也會因此而感恩。更何況，我現在的認知能力，哪一些不是他們培養的呢？他們用養蠶的錢，賣韭菜的錢，給我和哥哥訂《兒童文學》、《少年文藝》，到現在我還覺得這是我看到過的最好的刊物，遠遠勝過我現在最喜歡的。

一天，我跟人說起這個問題，同事說，你只要遠遠看著他就是了。是的，我未嘗不知道這是杞人憂天。在我當父親的那一天起，我就打定主意，不打算按照我的標準去塑造他，但很多事情的難處就在於知易行難。如果這個孩子，他叼著煙捲，老氣橫秋的對我說，老頭，時代不同啦。我很懷疑我會有什麼樣的感覺。安德列問：老媽，你最近想揍我一頓是什麼時候？龍大媽回答說：你抽煙的每一個時刻都想揍你。

龍應台是一個母親，她的情感，自然遠比我這個初為父親2周年的豐富和體己。因為一個母親和一個父親本來就是不

一樣的，母親對於孩子的疏離，會有更強烈的失落。一個孩子，畢竟懷胎10月，是從她身上掉下的肉，有一個從同體而異體的過程。而父親，從來就是一個異己的存在。大頭兒子和小頭爸爸，他們的將來又會如何？

但是我知道，我應該去做一些事情。這個事情，未必是去成就一番「事業」，50歲，可以繼續沒名氣、沒錢、沒職位，這一些都不是我最焦慮的。如果菜蟲會因為這個而感到羞愧，那才是我的羞愧。龍應台說，所謂的意義，就是你能否在你的工作中，找到你自己，能否享受你的工作、你的生活。說到底，這個「意義」，還是需要我們自己賦予的。香港人在遊行的時候，訴求很低，龍應台和安德列都去了，問起參加遊行的人，他們只是要一個時間表，他們甚至不是要求直選，而是要求一個直選的時間表。這樣，即便他們這一代享受不到，他們的孩子將會有更好的生活。安德列非常驚訝，我有一點點感動，更多的卻是悲傷。馬上菜蟲就要讀幼稚園了，有一天我跟蟲媽一起去考察幼稚園，進了城東藝術幼稚園之後我馬上退出，心情很不好。因為兩個原因，第一，這裏的牆上掛著孩子們的書法作品，內容寫的是「祖國萬歲」；第二，每個教室前面，都粘貼著5個奧運福娃，寫著「北京歡迎你」，拼成奧運五環的樣子。我絕對不叫菜蟲讀這個幼稚園，2周歲，就要給我們的孩子洗腦嗎？我知道我應該去做一些事情，即便僅僅是最低的訴求，僅僅為了菜蟲一個潔白的童年。可是，我能做些什麼呢？

看完《親愛的安德列》，我覺得，很無力。

本文引用龍應台、安德列：《親愛的安德列》，
天地圖書，2007年11月1版。

8、華德福
——可以想見的幸福

　　讀到《讀寫月報新教育》第8期的時候，我仰天躺在醫院的病床上做牽引。看著看著，兩顆不爭氣的淚水從眼角流下來，流進耳朵裏。我不知道旁邊的病友有沒有看見，趕緊擦乾，裝作若無其事的樣子。

　　這一期的封面標題叫做〈這是好的教育嗎？——走近華德福學校〉。我想這還有什麼可以質疑的嗎？如果這不是好的教育，哪裏還有什麼好的教育呢？或者說，這是我盼望多年，而從來不曾夢想到過的教育境界。又或者，我本身在中國的教育環境下，我絕不敢奢望居然會有這樣一種教育思想和模式的存在，這是超出我這樣一個主流體制內部的教師的全部想像力的。作為一個教師，我也嘗試做一些和當前的教育模式格格不入的事情，主要意圖是培養孩子們的公民意識，獨立思考的能力和自由意志。主要的方式，就是看一些蘊含了普世價值的，培養人的愛與同情的電影和書籍。可是一傅眾咻，我個人的努力的並不能改變多數孩子們的追求和價值觀，我不能給他們帶來額外的幸福，讓他們生長出追求自由的力量。多數時候我覺得很無力。

　　尤其是，當我自己的孩子來到世界，當他茁壯成長，而終有一天要進入社會主義幼稚園的時候，我心傷悲，莫知我哀。

可是我不曾夢想到，確實有這麼一種教育，有這麼一群人，能抱著無限的善意，來看待人的成長。所以，當我看到華德福的課堂實例，看到他們的教育理念，看到郁甯遠、黃曉星他們篳路藍縷的建設華德福第一所學校，內心的感慨無以明之。於是，我被華德福老師那種真誠的善意，那種將人作為人的敬畏，感動了。這是我第一次被教育所感動。在此之前，你或許可以想像，我們也曾經可能在課堂上做蛋糕，但是你不能想像，華德福學校的做蛋糕，是一件蓄意為之的教育事件，裏面包含了全部的華德福的教育思想。對孩子的愛，對生命的尊重，全部的辭彙不足以我用來形容這種成人對孩童世界的細心呵護，以及華德福對孩童世界本身邏輯的尊重。

在我看來，之所以華德福不誕生在中國而誕生在基督教國家，乃是因為他們的宗教情懷裏，有一種對人的生命的敬畏之情。因為他們知道，每一個孩子，都是上帝的恩寵。所以我瞭解為什麼他們愛孩子，但不是溺愛，因為這個孩子，不是父母的私產，他是屬於上帝的，最終他將成為一個獨立的個體。這種宗教背景，我猜是華德福教育理念不可忽視的、非常重要的一點根源。跟西方的政治制度一樣，宗教是一切基石的基石。

而我從吳蓓身上也看到這樣一種東西。我不知道她有什麼樣的宗教信仰，但我看到她對教育確實有一種近乎宗教情懷的虔誠。之前，我喜歡吳蓓翻譯的甘地，《聖雄箴言錄》和《聖雄修身錄》，一段時間我一直放在床頭，我知道，我現在還沒有願力成為這樣的人，但甘地、特雷沙修女，乃至史懷澤，讓我曉得，在我們的世俗生活之上，尚有超越的可能，尚有彼岸世界的存在。所以，即便我不能投身到華德福，即便我

的孩子不能進入華德福學習，我也感到幸福，因為，我有了一個可以眺望的參照。

並且，華德福乃是在一個有著民主傳統的國度裏才能誕生的一種教育模式。因為，華德福追求的是每個個體的平等，都享有上帝賦予的發展的權利。因此，華德福才這樣以培養孩子的自由意志為重，才這樣注重發揮他們的潛能。也就是說，受教育，是為了每個孩子都能擁有均等的發展的機會，為了孩子們能更好發揮他們各自的能力。因此，在華德福裏，才沒有我們習見的好生和差生的區別。當一個孩子富於攻擊性而喜歡去攻擊別人時，老師會抱著他，知道那只是心裏面起了一陣狂風。所以，華德福裏面你看不到「吃得苦中苦，方為人上人」的詛咒，你也看不到犧牲今天的幸福去換取明天的虛擬的幸福的許諾，因為，在華德福裏，每一天，都是充滿了歡樂和進步的一天。

這裏我想回應一下某些對華德福教育的質疑，有一些不瞭解華德福的朋友，認為華德福是一個世外桃源，可是，孩子們，中國的孩子們，總有一天要回到中國這個社會，弱肉強食，爾虞我詐，那麼，華德福出來的孩子，還能適應這個中國式的生存環境嗎？我想說的是，首先，如果你想把你的孩子培養成弱肉強食爾虞我詐，那麼，請你把你的孩子送進社會主義小學，讓他學會在告密中慢慢長大。當然，也有社會主義學校培養了異類的。其次，華德福當然不是世外桃源，華德福用愛的方式，用遊戲的方式，最終將培養出更富有創造力的人類。這已經有足夠的資料可以證明。

因為，華德福也是對之前的教育模式不斷反思的一種結果。吳蓓翻譯的〈面向創造性和人性的教育〉一文中所說，那

種將人作為工具的教育模式，恰好在事實上不能發揮人的潛能。所以，就像哈耶克對於社會主義的謬誤的批判一樣，哈耶克認為他批判社會主義不單是一種價值判斷，更是基於一種事實判斷。華德福也一樣，華德福之所以將人的創造性看得重於一切，之所以要讓孩子們的童年漫長起來，一方面固然基於一種對孩子的屬靈的神聖屬性的敬畏，另一方面，也基於這樣一種事實的科研結果，即，過早的開發孩童的智力，甚至是一種對孩子本身的傷害。而這，恰恰是我們目前中小學瘋狂的在做的，7歲的時候，逼著他去理解10歲才能理解的東西，這不是戕害又是什麼？

感謝李玉龍、小狐、吳文冰，讓我接受了一次靈魂的洗禮。這是這本雜誌今年以來最好的一個專題。也感謝黃曉星和吳蓓，以及所有華德福的老師，他們是愛的思想傳播者，是愛的教育的實踐者，是兩者的完美結合。他們叫我知道尚有教育的星空可以仰望。

感謝首次向我推薦《解放孩子的潛能》的網友shukehebeita。

本文引用《讀寫月報‧新教育》，2008年第8期、馬丁‧洛森：《解放孩子的潛能》，吳蓓譯，人民文學出版社2006年6月版。

9、上帝所能給與的最好禮物
——讀甘夏夢《將夢復興》

　　甘夏夢和我見過的所有早慧的天才少年不同，他的詩歌，不單單以語言形式見長，而更以思想力量見長。他纖弱敏感，而又強健有力，這兩種截然不同的品質近乎完美的融合在他身上。他表現了超出同齡人許多的對時代的洞察，更像一個從容不迫的思想獵手。他以一種具有穿透力的眼光打量這個世界，但不是冷眼旁觀，他喊出了那個聲音：「Hey! Teachers, Leave them kids alone!」。

　　郭初陽序〈我們流淚直到周圍形成大海〉，對甘夏夢詩歌作了全面評價。說實話，在郭初陽寫這篇文章的時候，我還頗有些不以為意。因為我覺得，早慧的少年，對漢語的直覺和自覺，並不少見，我在郭初陽周圍，以及我自己的學生中，也曾見到過——這是上帝教的。又則，在系統讀甘夏夢詩歌之前，我私下裏還想，郭初陽的文章，褒之太過，是不是有過度闡釋的嫌疑？

　　直到我收到這本香港文匯版的《將夢復興》，我用一個中午讀完，心裏只湧起一句話：這是上帝所能賜予我們的最好的禮物。

　　與我所見過的所有天才少年不同，甘夏夢詩歌更以思想性見長。這不是說這本詩集是一本思想格言，他的深度思考，用同樣純熟的詩歌技藝加以表達，因而顯得更有力量，是

飽滿的強健的詩歌。沈澤宜先生認為「強健」的詩歌離不開「對現實存在的關注與追問」，我覺得還不夠，應該對「現實存在」這個詞語再進行仔細的解說。因為「現實存在」這個詞語太概括了，概括，有時候反而犧牲了其中不同維度的區分。杜甫也關注「現實存在」吧，人民的疾苦，白居易也關注，但這個現實存在，跟甘夏夢詩歌，是不同的。甘夏夢的「現實存在」，更多側重於對時代自由程度的敏感和個體獨立意志的追求。用一句套話，是對個體生存狀態的關懷。我覺得這是最接近生命本質的一種努力姿態。

　　我一直以為，對語言的直覺，多出自天賦。16歲的少年，能寫出美文的，多矣，然而，那些美文，多沒有骨力，甚至，我們可以認為，這不是一種真正的美，而是一種矯情的東西，是被敗壞了的時代的審美口味。真正的美來自對時代和自身的生存狀態的穿透性把握，並用恰如其份的語言形式加以表達。這種美是清新質樸的，是健朗開闊的，來自生命的本質衝動和自由思想的自然流淌，有強大的力量，不事雕琢而直接達到。總之，我所說的不能夠道我想說的之萬一，所謂不可言傳，只可意會。因此，閱讀甘夏夢的這個中午，對我而言，是一個奇妙的中午，一個夢幻般的時段。我的所有疑慮，在甘夏夢的詩歌面前土崩瓦解，剩下的只有驚喜——這是上帝所能賜予我們的最好的禮物。

　　如果要我挑出這27首詩歌中最引起我注意的一首，我挑選〈國家機器〉。這也是郭初陽喜歡的一首詩歌。我覺得這首詩歌是最達到我前述境界的一首詩歌，闡釋是多餘的，反對闡釋：

烈日下
一群孩子
微笑著
毫無防備地
裸露於天空之下

幾位教師
忙碌地
指引著孩子

在這個的氣球裏
裝著希望
極權與虛偽
正滲透在教室的每一個角落

設計好的程序
正按部就班地
朗讀
「學而優則仕」

純真的心靈
吶喊
國家的機器
愚昧

學校再大

也裝不下孩子們的夢想

紀律再嚴

終究要被永恆的童真打破

　　甘夏夢在自序裏說，如果不是郭初陽4年的語文教學，他「在我們偉大的國家根本不可能有一點自由的思想」。看到這句話我很感慨，「終信文章勝甲兵」啊。這是對郭初陽10年教書生涯最好的報償。郭初陽當班主任，他現在的班級有一聯類似於班訓的話：認識你自己，愛你的鄰居。這一聯，上句是古希臘神廟的箴言，下句則出自《聖經》。這是西方文化兩個偉大的源頭。幾年前，當另一個班級的班主任，他也有班訓，引用的是陳寅恪悼王國維文中的兩句：獨立之精神，自由之思想。

　　我不認識甘夏夢，從來沒見過他，但我今天僭越的也將這本書作為上帝給我的最好的禮物。雖然有些汗顏，但我心裏卻堅決這樣想：有甘夏夢這樣的孩子多好啊，正因為你，我們才多少免除了一些做事情的虛無感。如果不是你精彩的詩歌，在我們偉大的教育界我根本不可能看到一點自由的希望。

2006年7月

10、主啊，你往何處去

——關於記錄片《高三》

關於這個記錄片，光看崔衛平老師的文章，確實是不夠的，因為影像資料給你的衝擊，更直觀，更尖銳突出。對某些細節的表現，抓人，令人長考。

感謝黑白不明兄提供的鏈結。這個版本是央視播出的版本，恐怕比崔老師看到的內容更少，比如，全班一起唱《北方的狼》的鏡頭，沒有了。不過看了還是很震動，所以我要修正一些看法。我針對引起我關注的幾個細節來說。

第一個鏡頭，晨讀。那些孩子，洋溢著青春的笑臉，充滿了生命的陽光。但他們讀的是毫無意義的東西。這個鏡頭看得我心頭大痛，非常非常難受。我首先想到的是，多麼美好的生命，浪費在這種毫無意義的事情上了。這些孩子的讀書聲，你不能用書聲琅琅來形容。書聲琅琅，似乎是很舒緩，有很享受的感覺，而這些同學的讀書聲，明顯可以聽出，裏面有一種強烈的奮鬥的情緒，語速飛快，眉頭緊縮，用心記憶，簡直是在肉搏。

這個鏡頭引起我關注，大概因為這裏表現了強烈的對比，青春的美好和現實的荒誕。記錄片在一開始，一首輕快的歌曲伴奏始終貫穿，孩子們差澀靦腆的坐到攝相機面前，大概是在拍畢業照，這是一個人一生中美好的時候之一。這個對比太強烈了。青春本身，本是一種強大的可以衝破羈絆的力

量。但這個力量被一個外在的更大的力遏阻了。所以很難想像跟崔老師一起看電影的幾個大中學生會笑，我是心中一痛，想哭。

我也會看到我的學生們早自修晨讀，每天，孩子們在早上7：20分讀語文或英語，語文，最近在讀〈逍遙遊〉。但我習以為常。為什麼記錄片給我震動，大概因為記錄片把這些東西陌生化了，並用鏡頭對比強化了某些東西。又則，我教的畢竟是語文，〈逍遙遊〉、〈前赤壁賦〉，畢竟裏面有很多美的東西，不需要我們用貼身肉搏的方式背誦出來，去換得分數。

第二，犧牲現在以換取將來。拿出半條命來搏高考，高考考好了，將來會過上好日子。這是整部電影一直貫穿的一個觀念。這個觀念也是絕大多數人頭腦中的一個觀念。這個觀念最後導致的是，我們沒有未來，永遠處於深淵與苦役之中。因為永遠要拿現在去換取未來，高三吃苦，為了工作；工作之初，辛苦攢錢，為了房子；有了房子，省吃儉用，為了孩子……這個邏輯之下，我們根本不可能有幸福的當下。這就是薛西福斯式的苦役。

要建立生活在此處，生活在當下的觀念，很難。但是，很簡單的一個問題是，往者不可追，來者不可諫，除了當下能被我們抓住，我們還能抓住什麼？

第三，差生。在班會上，一個孩子站起來發言，大意是說，我們差生，也不要氣餒，也要放手一博。學校也是一個等級社會，這個等級，是純粹用考試分數來劃分的。人的豐富性被抹殺了，被簡化為考試機器。這樣，誰還能保持對學習的興趣？看得出，這個發言的孩子站起來的時候，是鼓足了勇

氣的，因為他處在這個社會結構的最底層。他自己在潛意識中，便對這個學校底層的社會地位有一種先在的承認。

聯繫到幾位同學翻牆去玩網吧遊戲的事情，那個被處分的孩子說，王錦春老師也是為了他們好。呵呵，良藥苦口利於病，常見的邏輯。他們先在的在內心之中，給自己定位為差生了。尺規只有一個，考分。而其實，這位同學很厲害，他甚至能在遊戲中賺到自己的生活費，這是很能幹的啊。

我在周一早會上說，尋找求知的樂趣。但我很犬儒，只是籠統而模糊的說，要重新尋找求知的樂趣。這個樂趣是有的，只不過，不在這種逼著我們去考試的所謂「學習」之中，現在這個根本不是學習的本意，是被綁架的人質在從事的苦役。

最後，關於王錦春老師，我看了電影，很矛盾，不敢怎麼樣去評價他。他是一個善良的人，他對自己的學生，的確是愛的，也有足夠的耐心去做工作。這個工作幾乎是不可能的任務，他讓孩子們在苦役之中，獲得奮鬥的激情，不容易。結果也還好，大多數孩子都送進了高等學校。一個人的短期目標實現了。

看完這個電影之後，我跟幾個同事聊起這個片子，有老師也看到過，不過沒細看，他們多認為，這是一部勵志的片子，也認為王錦春老師做得很好。懷疑的，僅僅是王錦春老師在現實中究竟有沒有這麼好。

我不怪任何一個人，畢竟，我們不能要求大多數的像王老師一樣的中學教師，都能讀過哈威爾、讀過福科、讀過崔衛平。正因為如此，我才愈加感覺到，中學教師的兩難處境，這個處境，通過《高三》這部記錄片，凸顯出來了。

我的學生李震，在最近寫的《再見列寧》影評的最後，引用了這句話：主啊，你往何處去？恰似我看完《高三》之後的若有所失。

11、因為你不知道我的悲傷
——再看《高三》

　　下午跟孩子們一起看《高三》，我坐在教室的最後，聽一個美好的女聲唱樸樹的《那些花兒》，一下子悲不能禁。這是我第三次看這個碟片，每一次都會悲從中來，身為這出悲劇與荒誕劇之中的一員，我無能為力。我的悲傷來自我深切的認識到這出悲劇的荒誕，而我必須置身其中，無法逃離。這是我的悲劇。我的悲傷還來自，這些天真未鑿的孩子們，他們一個個必須通過這張佈滿鈍刀的銑床，他們的痛苦，無處申告，還認為理所當然。這是孩子們的悲劇。

　　下午，我靠在牆上，聽著美好的女聲，眼睛濕潤，裝作在看窗外的雨滴。也許，更確切的，我是被碟片中他們的青春年華打動了。

　　前幾天入梅，一直下雨。但是年輕的中學生，多麼快樂啊。年輕，單純的就會帶來美好，就是美好，明媚，陽光，輕盈，飄灑……我們將用怎麼樣的辭彙來形容這個年齡？青春無敵。這個你我曾經有過，而在不知不覺之中消逝的年齡。曾經滄海難為水呵。我的身份變化只是，從一個置身其中而不知的男孩，成了知道一切而繼續置身其中無力改變的世故中年教師。

　　他們當然有他們的快樂。即便在深淵的底部，也沒有人能徹底剝奪他們的快樂。問題是，他們本可以過得更快樂，

更放鬆。世界很大，到處都可以放置自己的身體，你想伸開手，你便可以在任何地方伸開手，打開，讓風吹過。你可以走得歪歪斜斜，你可以走得鬆鬆垮垮，你可以像陳丹青，在紐約的大街上豎蜻蜓。——你本來，可以自信到似乎根本不用自信這個東西。

但是從臉部到身體，他們被打上一個印記。你從任何角度看，都可以看到這個印記，於是你悟到，這是中國的中學生，他們美好而拘謹，他們有銳利的爪牙，但邁著柔軟的步伐，生怕驚動了什麼，似乎生活在叢林。他們的身體外側，包裹著一張你看得見的透明的罩。

我的這班孩子，讀高二，還有兩個月就高三了。他們仍是滿不在乎。班主任告訴我，有個同學說，除了語文課不睡覺，他都要睡覺。可能這就是區別，福建武平縣，用王錦春的話講，沒有任何資源，只有華山一條路——考出去。紹興的孩子，可能普遍的物質生活的水準，比武平高一些。如果，一個地區，不必再依靠高考，便可以過上體面的生活，那該多好！然而，這不是真的，他們的滿不在乎只是因為，他還沒有認識到面前這張佈滿鈍刀的銑床。

有一種力量，根本不希望你美好。它希望你成為平面的二維生物，並且它就在使你成為平面的二維生物。

教育不是這樣的。學校教育不是這樣的。《高三》最後幾個鏡頭使我大為感慨，他們也打球，他們也拔河。不過，我不知道，這又是不是學校方面勵志的一個手段，通過集體活動，使你更加忘我的投入高考這場戰爭。拔河不是拔河本身，而打球也不是打球本身，一切都化約成為一次班會課，一

次叫你忘記所有生活的美好與豐富，閉上眼睛投入高考的班會課。我們的教育甚至取消了我們的人生。

林佳燕同學的日記自述，一次次勸勉自己：佳燕，閉上眼睛，拼命往前跑。

可是，佳燕，為什麼要閉上眼睛？我們生而擁有雙眼，是來觀看的，是用來尋找光明的。佳燕，你是王錦春老師的學生，你也似乎就是我的學生，可是你為什麼要閉上眼睛？

讀呀讀，讀三個代表，讀黨的領導。然後，在入黨積極分子會議上，朗讀那些你自己也不相信的話，全票通過，你成為預備黨員。你是無辜的，那種你看不到的力量，它無處不在。然而，這是一種多麼可詛咒的力量啊。可是，如果我們將一切歸之於這種力量，我們又能找到誰，找到哪個具體的人，來擔負這個罪責？

還有兩個月，我這班孩子們也要高三了。傍晚，他們要到18:00放學；18:30，他們又要開始晚自習。但是沒有人能徹底取消他們的快樂，他們會在晚上22:00，唱著青春的歌曲，回到自己的宿舍。

但沒有人知道我的悲傷，即便你知道，你要如何安慰我的悲傷？

12、那些花兒，他們都老了吧

——電影《十三棵泡桐》

我不止一次感到混亂青春的秩序

——李馳東《南山路》

　　風子喜歡陶陶，只因為陶陶像一把刀子。陶陶是泡桐樹中學這個江湖的大哥，他將社會上的小流氓打得落花流水，從而建立自己的威權。這裏，在官方的話語與規則之外，存在著一個亞社會，他們按照自己的規矩行事。很顯然，風子是極為認同這種規則的，風子的性格也即是這一類型，介於江湖與校園之間，介於乖女孩與叛逆青年之間。這個「假小子」式的女孩，講義氣、不服輸，而又有對生活的奇蹟的渴望。她就是這麼一個看似複雜，其實簡單的女孩。有兩個地方暗示了她這樣雙重的性格，第一，她喜歡刀子；第二，她不止一次看見騎駱駝的阿拉伯人經過——而別人都沒見，這個阿拉伯人僅僅是為風子而來的。刀子隱喻叛逆、暴力、激情，而阿拉伯人，似乎就是生活在別處的夢想。

　　從不出面的校長，自以為是的班主任宋小豆，是居於這一亞社會之上的主流社會，更是官方權力的象徵。本來，在這個學校中，這兩個結構層級，互不干涉。陶陶和風子在樓梯上公然親吻，這樣「大逆不道」的事情，在校方看來，當作熟視無睹。官方與學生社會兩種話語，也互不侵犯。所以，校長不

必出面，僅僅作為一個虛假的聲音而存在，說著沒人傾聽無人相信的話，便是行使校長的職責，這跟中學生的生活根本是分離的。但這樣的權力結構，不也是一種和諧嗎？大家相安無事，一直到年華老去，倒也天下太平。

「包爺」江湖氣十足的亮相，預示著在這個班中，力量的平衡將被打破，原有秩序即將解體。比之於任何人，包爺是一種嶄新的、更野性的力量的加入。他粗俗、野蠻、無趣，但又有一種憨厚的可愛。我們都知道將要發生什麼，但我們不知道究竟將會發生什麼。

風子後來為什麼會對陶陶有氣，歸根究柢，因為陶陶自己打破了這個亞社會的規矩，他去請求了官方權力的幫助。這是最為風子忌諱的東西。因為陶陶違背了規矩，他便成了這個江湖的「叛徒」。

陶陶和風子的分裂是註定的，因為陶陶雖然像一把刀子，但是這把刀子畢竟也有害怕的時候。他還不是硬漢子，他還只是一個小男孩。尤其，比之於包爺的野蠻與冥頑不靈，他身上有更多主流觀念的教化。最早陶陶去辦公室向宋小豆承認黑板塗鴉的時候，這個結局就被註定了。他借助於官方的力量作弄老包，這種手段是被風子看作「卑劣」的，與他們崇尚的江湖義氣相左。最後，陶陶的父親被警車帶走，陶陶脆弱的內心，終於崩潰。他將飯碗扣在了不明就裏的風子前，敲開了曖昧的宋小豆的宿舍之門。凡牆都是門，一念升騰，一念墜落，從此陶陶與班長一起，成為宋小豆的左膀右臂。

江湖義氣作為一種自發的價值觀念，帶有自然法則的萌芽。但這種規則終究敵不過成人社會的老於世故。包爺的結局可以想見其悲慘，而風子竟被阿利的父親包養，所有的無意識

的抵抗，根本無濟於事。那些花兒，她們在哪裡啊，她們都老了吧。

　　這是一場青春的洪水，每個青春的個體都被青春這種殘酷的力量裹挾其間，沒有人逃得掉。悲劇，僅僅在於，所有的事情，都在我們有能力去掌控之前，就發生了。

13、還有更多無形的柏林牆
——電影《再見列寧》

　　因為給學生看《再見列寧》，我也重看了一遍，再次發現，這個電影太傑出了，所有曾經或繼續生活在極權制度下的人們，能夠從電影中看到多少東西啊，實在太豐富了，可以說是隱喻象徵，也可以說是寫實記錄，或者，什麼都不是，就是一堆柏林牆倒塌之後的生活細節的堆砌。

　　如果語文不用人教社的教材版本，如果不用所謂的期中期末考試，或者期中期末考試跟獎金無關，我會用更多的時間跟孩子們一起看電影。這個學期因為投影破了很長一段時間，看的不多，只有《三峽好人》、《棋王》、卡瑪的記錄片《早晨8、9點鐘的太陽》，以及今天的《再見列寧》。接下去會給他們看《竊聽風暴》和《楚門的世界》。

　　我的這個電影序列非常有趣，完全按照著一個邏輯：尋找這個世界的真相。當然，我有底子打下去的，先建立愛與寬容的底色，再尋找這個世界的真相。《放牛班的春天》就是愛。

　　回到電影。

　　先說阿歷克斯的母親。無疑這是一個善良的母親，她的悲劇在於，她只能生活在謊言之中。極權政府當然在用謊言維繫國家機器的運轉，但是善良的人們，竟然便以為這就是世界的真相，她缺少另外的資訊渠道，沒有能力突破這個謊言編制

的世界的表像。到最後，習慣了，無法擺脫這個她信以為真的，甚至把一輩子的人生追求奉獻其上的謊言。那意味著她的一生是多麼可怕，毫無意義的可怕，會徹底摧毀她。於是阿曆克斯只能繼續給她編造謊言，左支右絀，漏洞百出的謊言──可見資訊公開具有多麼巨大的力量。

這不能不叫人想起李南央的《我有這樣一個母親》，與那位姓甄的母親將折磨加諸於家人之上不同，阿曆克斯的母親是善良的，有修養的。但是，這種善良也叫人害怕，因為善良的一個標準便是政治正確，當善良的人們拿著政治準確的尺規時，她不知道這是對別人的傷害。所以樓上鄰居同志收看西德電視台，便會引起母親的警覺；可口可樂公司的大幅廣告，也將帶來母親的不安。我們五六十年代小說電影中，高度警惕的工人大媽、農民阿姨，以及虎頭虎腦的少先隊員，他們都善良而政治準確，時刻用懷疑審視的目光打量每一個陌生人。

列寧塑像的倒塌，這是最為意味深長的一個鏡頭。判斷一個社會是否極權社會，其中一個尺規是，這個國家是否有政治領導人的巨幅雕塑。王怡的版本《如何識別一個專制政權》，一共有29條參照標準，我給他增加一條，便是「是否有政治領袖的巨幅雕塑」，雕塑越多，越高大，專制程度越高，本條分值5-10分。

所以，當一個國家或地區告別專制，走向民主，必然要做的一件事，便是推倒威權政府領袖的巨幅雕塑。這是象徵的標誌，是分水嶺。伊拉克是一例。網上薩達姆巨幅雕塑被推倒的照片很多，有巴格達市民追著被推倒打碎的雕塑，脫下鞋子抽他耳光。記憶猶新。目前正在推進民主化的台灣，去蔣化浪潮一浪高過一浪。這是好的，說明台灣的確在走向民主化，

走向世俗社會，不再需要一個奇理斯瑪的領袖指導個人的生活，從開會發言，到家庭私密生活。順便涉及國民黨，你小馬哥要不能推動黨內改革，認真反思老蔣，認真清查黨產，國民黨還只是一個半吊子現代政黨。

我天真可愛的孩子們追著我問，老師，那麼，毛的巨大雕塑呢？

親愛的孩子，我上次跟你們說起台灣國民黨的黨報《中央日報》倒閉了，意思是一樣的。五一長假你們要去浙大參觀，如果到玉泉校區，你就會看到毛向蟻民親切揮手的巨大雕塑，但是，他還會繼續矗立在那裏，還會過一些年。你還可以參看姜文電影《陽光燦爛的日子》，那個電影裏，鏡頭對毛雕塑的處理，是足夠意味深長的。

前天葉利欽去世了，連嶽說，他們的葉利欽死掉了，我們的葉利欽還沒出世（感謝郵差兄回帖）。我今天的想法是，他們的柏林牆倒塌了，可我們還有很多無形的柏林牆。

中國比之東歐，最聰明的一點改變便是，給予你在經濟上的一定自由度。這也是目睹東歐巨變之後的一個對策。當然利益由權貴占了大頭，但當市民們漫步在好又多超市、漫步在國美電器的時候，是不是也很自豪，我們有選擇洗衣機牌子的自由了。

但無形的壁壘依舊高聳，不必贅言，參看我〈如磐的暗夜期待星光的啟明〉一文。但我覺得，既然經濟全球化是一種不可阻擋的潮流，我們就沒有理由因為這些壁壘而灰心喪氣。弗里德曼說世界變平有10大動力，其中之一便是柏林牆的倒塌。中國越來越深刻的參與到全球經濟體中，就不能再自外於世界了。

事實是這樣的，用傅國湧先生轉述泥土大哥的一句話，叫做「各玩各的」，誰都知道，誰也不拿那種意識形態的東西當真了，老大哥自己也不當真，用一位老先生的話講，叫做，他們是沒有理念、沒有理想的官僚，目標便是維持現狀，至於玩不下去了怎麼辦，沒想過。

我們的不幸在這裏，葉利欽都去世了，我們的葉利欽不知道在哪里；柏林牆倒塌了，周圍還樹著高大的無形圍牆。當然，也許，這個時代並不需要葉利欽，誰知道呢。我觀察到，我身邊有公共關懷的，在自身職業之外關注社會、關注底層的，有一大批是中產階級，他們有房有車——有恆產者有恆心是也。

我們的幸運也在這裏，因為我們已經看到了很多阿歷克斯他們當初沒有看到的東西。

14、對漢語的感情

　　今天開始給學生講〈前赤壁賦〉，自己也帶著欣喜。朗讀了一遍，感覺還記得，能背出來，心裏很有些感動。突然想到，我對漢語的感情，不就是這樣的嗎？

　　以前沒有意識。我讀初中時候，語文教科書跟政治書還差不多，多為了灌輸，有文學性的、貼近生命本真的作品幾乎沒有。我在外祖父的書桌上發現《古文觀止》，讀到〈前後赤壁賦〉，就迷上了。這麼好的文字潛藏在這本舊書的內部，我不知道。〈前赤壁賦〉，以前是不會選進教材的，因為流露出生命無常的消極觀念。這樣因為「消極」而不被選進教材的作品太多了，擢發難數。奇怪人就是喜歡這樣消極的東西。大概因為美只需要直覺。對漢語的感情，就是這樣漸漸形成的吧。

　　漢字，一般說來，是表意文字。在我看來，漢字，多數不僅僅表意，甚至是一幅幅繪畫。最簡單的「一」字，就是講究形似的中國畫。道生一，一生二，一是一馬平川，是一望無際的平原，是無窮盡的大地不斷延伸到天地相接之處。這才是「無極」。就這麼奇妙。想想吧，一個人面對著由一衍生而來的無窮的時空，個體的渺小和時空無限的巨大落差，怎麼不讓人悲從中來不可斷絕！陳子昂〈登幽州台歌〉，就是一個人站在時空這個三維坐標系的原點，情不自禁，被悲愴擊中。

　　「悲」是給我感受的另一個字。看著看著，這個字就成了緊鎖的眉頭。「非」就是額上的皺紋，一張皺紋縱橫的

臉，涕淚橫流的場面，就在這個字上面。這叫我想起杜甫。老淚縱橫這個詞語總叫我想起杜甫。臉孔像風乾的橘子皮，溝壑交錯。苦難啊，悲哉，秋之為氣也。

古人將寫作叫做「屬文」，屬，是連綴的意思。這個說法很代表這時的文章風格。將這些充滿了意象的漢字連綴起來，就成為一篇篇更加豐富的文字集合體，有畫面，有聲音，給人審美的愉悅。這就是他們所謂的文章。

我以為當寫作叫做「屬文」的時候，文章多表達美學追求，不表達更多的哲學玄思。漢賦多如此，鋪張排比之美。似乎一個半大孩童，學會了遣詞造句，又有很多的詞語材料可用，便喜滋滋拿出來炫耀。張衡〈二京賦〉寫了10年，我看就是這個道理。天真。

〈前赤壁賦〉已經不一樣了，不能夠用「屬文」來形容。蘇軾假借客難，美則美矣，他還在表達他的哲學思考。

客提出了生死的問題。其實這個問題不是客的原創，化用莊子而已。只是這個問題是千古難題，只要換一種說法，照樣動人。曹操一世之雄，而今安在哉？吾與子也不過「寄蜉蝣與天地，渺滄海之一粟」而已。蘇軾提出的是生與死的哲學命題。孔子說，死生亦大矣。卡繆說，真正的哲學問題只有一個，就是自殺。在時空的無限面前，這個問題很輕易就可以提出。

可惜，蘇軾對待這個問題的方法，不是試圖去正面解決這個問題，而是回避。其實也不可惜，孔子老早就滑頭的說：未知生，焉知死？孔子回避了這個哲學難題，沒有理由去要求蘇軾。更何況，寫作〈赤壁賦〉之時，正是蘇軾一生政治生涯的低谷，他僥倖從牢獄逃脫，也許只想尋得內心的安

妥。「蓋將自其變者而觀之,而天地曾不能一瞬;自其不變者而觀之,則物於我皆無盡也」,相對主義在安慰自己的時候,特別有用。

想起老蘇說中國文化的一句:詩性氾濫,理性缺乏。〈赤壁賦〉是一個明證,以詩性自適取消對哲學母題的追問。原因何在?是中國傳統哲學的先天性缺失嗎?我無法斷定。只是我直覺到,對漢語的感情,不應該僅停留在詩意審美之上。我自己在寫東西的時候,希望有一種生活化的、原生態的、真實的語言,不敢說這是我的美學追求。問題是我總是被我最深處的東西牽制。這個東西,可能是庸俗的辯證法,也可能是骨子裏的古典情懷。所謂古典情懷,大概便是情緒多於理性,也即詩性氾濫,理性缺乏吧。

15、認識魯迅的冷峻
可以從其溫暖入手

　　有很多原因，使得中學生在面對魯迅的時候，不能走近他。比如原因之一是多年來語文教學中對魯迅作品機械與僵化的理解，將魯迅臉譜化為一名鬥士，或者貼上其他某種標籤，這種簡化的解讀方式極大的損害了魯迅本身的意義，也使得中學生在面對魯迅的時候不能有更為真實的感受，甚至產生反感。所幸的是，這種狀況正在逐漸改變。

　　其二，魯迅作品本身的艱澀也是一個原因。因為所見愈深，所知愈廣，魯迅作品中意味深長的地方便愈多，如果要將魯迅的作品作為尋常作者的文章一般解讀，這確實意味著對魯迅的降低。魯迅給人的整體感覺是冷峻。這種冷峻感首先是他的作品、他的言說方式帶給我們的。用他自己的話說，是自在暗中看一切暗。學者郜元寶說，魯迅在現在現代文學史上，是一種「月亮」的意象。我的一個業餘讀魯迅的朋友說，魯迅是一個不帶麻藥的醫生。專家也好，讀者也好，凡此種種評價，都在表明，魯迅給人的基本感受是冷、是荒寒。然而，我覺得這也是一種不完整的見解。從我自身的閱讀經驗來看，「冷」恰恰是魯迅的某種外表，而植根於魯迅心靈深處的，在「冷」的包裹之下，恰恰是他對普通民眾、對祖國的一種大愛。《野草》中收錄的〈死火〉一文，是一篇傑出的文章，我很多時候將這篇文章當作魯迅的一種自我象徵，外面是冰，

而內心是火。有人說批評是最深沉的愛國方式，魯迅便是這樣，他從來都用最為尖銳最具有穿透力的語言，揭出血淋淋的瘡疤，以引起療救的注意。而他在揭出病痛之時，是從來不心慈手軟的，宛如醫生冰冷的手術刀。有一句現代流行歌曲這麼說：愛比死更冷。我在別的文章中也提到，這句歌詞，彷佛就在說魯迅。

　　這種冷峻感，還來自我們一貫以來對魯迅仰視的姿態。比如紹興魯迅故里的大型雕塑，魯迅手夾一支捲煙，冷峻的眼神直視遠方。而我們必須仰頭才能看到魯迅的眼光。這樣，當我們將魯迅作為一個偉大人物來討論的時候，往往忘記了，他同樣是「人之子」。魯迅同我們一樣，也有著喜怒哀樂、七情六慾。這一點，當代的學者已經深刻的注意到了。林賢治先生著有魯迅的傳記，名為「人間魯迅」。在這本傳記裏，林賢治用飽含溫情的語言，為我們復活了同樣飽含溫情的魯迅。錢理群先生在跟中學生一起讀魯迅的時候，其著力點，便在於魯迅作品的溫暖。大畫家陳丹青，語驚四座，他說魯迅「好看」，在〈有關大先生〉一文中，他力陳魯迅的可愛、好玩，為我們走近魯迅，開闢了一個嶄新的角度。

　　其他還有一些原因，比如當代中學生對歷史的一些隔膜，比如教師本身對魯迅瞭解不夠，不能更好的引領學生等等，都構成了學生走近魯迅的障礙。但無論如何，魯迅都是現代文學史上無法迴避的一種存在，不讀魯迅，或者讀了魯迅，但對他有各種誤解和淺解，都是令人遺憾的。我就想，能不能如學術界現在已經基本完成的那樣，讓魯迅從神壇上走下來，還原為一個人間魯迅。這成為我在魯迅作品教學中經常思考的一個問題。

在教學過程中，我逐漸想到，針對目前中學生較為普遍的對魯迅漠然，甚至害怕，為何不試試，從魯迅作品中的溫暖入手，來獲得一個更為真實、全面的魯迅印象呢？我們會害怕寒冷，但不會拒絕溫情。更何況，魯迅確實有那麼多溫情的東西，畢竟魯迅是一個豐富礦藏。於是在教學活動中，我經常不從魯迅的深刻洞察力入手，而是從魯迅的溫情出發，比如他寫給母親的報告海嬰成長情況的書信，或者他回憶童年生活的文字等，這些都有一個共同點，是溫暖的，觀之可親，能拉近我們與魯迅的距離。我將這些文字，作為中學生走近魯迅的「起手式」。當魯迅在學生中擁有更多的親和力之後，再來介紹魯迅的時代、魯迅的身世，再來閱讀魯迅更為憂憤深廣的作品。這樣一種階梯狀的閱讀次序，往往能收到一些意想不到的效果，比如，中學生對魯迅不再拒之以千里之外了。這是我在教學中的一些做法，並沒有形成一種可以自足的理論。

今年上半年，我在參與編寫《高中語文讀本》（浙江文藝出版社2007年8月第1版）的過程中，接受了一個任務，負責起草關於魯迅的一個專題。我就想，也許同樣可以作這麼一個嘗試，將魯迅的作品，以及他人對魯迅的一些回憶與研究，作一個有梯度的展示，從魯迅的溫暖入手，漸次到達魯迅的微言大義。

在編寫過程中，我將這一個專題的中心意思，定為「浙江之子，民族之魂」。在選文時，主要便圍繞著這兩點來選擇。所謂「浙江之子」，是說浙江的風物與文化養育了魯迅。魯迅雖然在一個寒冷冬夜離開了紹興，但是他的創作從來沒有離開過故鄉。托爾斯泰說，寫你的村莊，你就寫了世

界。可以說魯迅的全部創作生命，都來自鄉村的贈與。浙江這塊故土，對魯迅來說，意義重大。

所謂「民族之魂」，則不用多加解釋，這是一個公認的評判。魯迅的批判精神，知識份子的獨立立場，民間關懷等，都構成了一個民族脊樑的高標。

最後出版的讀本定了4個小主題，恰好形成階梯結構，基本跟我的設想符合：魯迅眼中的故鄉、他者魯迅、異域看魯迅以及思想者魯迅。這裏包含著多個梯度，一是考慮到文體，從敘事走向論議；二是思維方式，從魯迅溫暖的筆觸走向學者冷靜的思考；三是從讀者接受的層面考慮的，從感性的認知走向理性的分析。

〈阿長與《山海經》〉、〈五猖會〉都是敘事性的作品，較為容易接受，更重要的，這兩篇文章，魯迅的筆調儘管不熱烈，不如寫閏土那麼飽含感情，但在字裏行間，那種對逝去年華的追憶，擁有樸實而綿厚的動人力量。我從這裏，看到了魯迅對家鄉對童年的默默溫情，感人至深。尤其是〈阿長與《山海經》〉一文，堪稱寫人的經典，他從來不曾離棄故土，從來不曾忘記普通民眾，那句「仁愛黑暗的地母啊，願在你懷裏永安她的靈魂」，簡直是神來之筆，具有無與倫比的傑出力量，在我個人的閱讀史中，這句話是多次叫我熱淚盈眶的。〈好的故事〉選自《野草》。《野草》多是瑰麗奇崛的散文詩，是內蘊深刻的象徵主義詩篇，經常有學者指出，《野草》包含了魯迅整個的哲學。選擇〈好的故事〉有幾個考慮，這是一篇關於浙江風物的文章，能喚起學生的記憶和印象；這又是一篇美麗的文章；但這又不是簡單的故事敘述，其內蘊也值得讀者玩味再三。

第二部分「他者魯迅」是第一部分的延續，仍是敘事性的，意在從他人的觀察來認識魯迅。蕭紅的回憶文章，以及周作人對魯迅的回憶，有助於加深對魯迅的認識。其中蕭紅的文章作了一些刪節，蕭紅多年來深受魯迅教誨，即可以看作魯迅的弟子，又是魯迅的小友，文章皆從生活細節落筆，飽含敬意，情感細膩，同時也代表了蕭紅的風格。周作人作為魯迅的兄弟，他的一些回憶是研究魯迅的第一手資料，周作人筆觸冷靜，客觀，盡量摒棄了感情色彩，和蕭紅的回憶，恰成對比。

　　第三部分是對魯迅的較為深層次的研究。走近魯迅，閱讀魯迅本人固然是重要的，而多數時候，研究者的一些專業視角，經常能給我們嶄新的認知起點。第三部分所選全是日本學者對魯迅的研究。在日本，魯迅研究乃是一本顯學，甚至有日本學者說，他們比中國人更愛魯迅。這裏所選的三位學者，都是研究魯迅的權威人士，伊藤虎丸和丸尾常喜的作品是魯迅研究者的必讀書。其中尤其值得一提的是竹內好的《作為思想家的魯迅》，竹內好針對很多人認為魯迅因為沒有思想體系而不能被看作思想家的說法，給出了理由充分的反駁。

　　第四部分三篇讀解的文字分別從文學、文化以及文本三個角度來深度理解魯迅，是現代學術的不同研究方向。放在一起，還可以知道我們當前魯迅研究的不同價值取向。

　　我想重點提一提的是最後設計的一個研究性課題，這個課題的標題不妨叫做「魯迅還是胡適」。當前，學術界對胡適還是魯迅這一個話題爭論很多，眾學者各持己見，均能言之成理。這裏設計這個研究性題目，旨在我們能學習魯迅而又不為魯迅所拘束，魯迅是偉大的，但他屬於那個時代一個偉大的序列之中的一員，還有很多不同的思想者，他們跟魯迅一樣在思

考，但是得出的結果、依據的路徑並不一樣。這有助於打開學生的思路，呈現一個更為廣闊的世界。私以為，我們後人在讀魯迅的時候，這一點是很要緊的。

2007年11月

16、從魯迅的終點重新起步
——我的魯迅作品教學觀

　　魯迅的終點，這個詞語，並不意味著魯迅對於我已經是「歷史的終結」，事實上我每一次教授魯迅，總是宛如初讀，魯迅對於我，還有很多地方，值得我繼續不斷的閱讀、思考。

　　但我還是要說魯迅的終點，有幾層意思。

　　第一，魯迅必然不是全能的，他有他思想的局限。我們後人，因為得以站在了巨人的肩膀上，如果能夠看到魯迅的局限，這不是一件很大不了的事情，也不是一件值得炫耀的事情。尤其是魯迅，多年來一直受到這樣那樣的誤讀，現在我們終於可以還原到一個「人間魯迅」尺度了。

　　第二，我們看到魯迅的終點，前提是，我們必須看到魯迅究竟作出了什麼樣的貢獻，必須恰如其分的評價魯迅作出的巨大成績。從文學的角度，那種傑出的漢語；從思想的角度，那種無語倫比的洞察力；從知識份子的社會地位的角度，獨立，不依附等等。傅國湧對魯迅的三個認同：一是經濟認同，對其獨立精神的認同；二是價值認同，對其民間價值的認同；三是身份認同，魯迅曾是自由撰稿人，和他現在的生存方式一樣。

　　我還十分認同魯迅的是一種大愛，那種對家鄉，底層民眾的赤子之愛。這種愛跟沈從文的愛不一樣，沈的愛是溫情的，魯迅的愛是以冰冷的筆調表現的。「哀其不幸，怒其不

爭」。我非常為魯迅那種對民眾的不幸的「哀」而感動，看魯迅筆下那些被侮辱與被損害的小人物，他們的哭泣、血淚，你沒有辦法調轉頭去。所以我有很多對魯迅的不滿意，但我還是一個愛魯迅的人，就像我友山西雪堂最近的一篇文章，〈在夜裏想起那個苦難的靈魂〉，我每念至此，我就想原諒所有我曾認為的魯迅先生的不足，就像我以前，我會在課堂裏，讀到「我偏僂的人民」一句，而悲從中來。但我跟魯迅的區別在於，我不怒其不爭。這一點後面講。

第三，魯迅的終點，意味著我們後人的起點，也不全對，因為我們有時候還活在魯迅的時代，我所說的這個終點和起點並不是重合的，但作為一個讀書人，作為一個具有認知能力的中學教師，必然需要對自己有這樣的期許，這是一種努力的方向。

如何起步，從魯迅作品的教學來談。

我在教魯迅作品的時候，經常感到的困惑是，魯迅的很多價值認同，我不認同。剛前幾天，教〈紀念劉和珍君〉，這是一篇一直被中學教材選進去的文章，我讀中學的時候就有了，我現在只記得當時的語文老師跟我們說「激越」這個詞語，別的，似乎也沒有了。而我在教這篇文章的時候，好，自然是不能不說的，我經常驚詫於魯迅那種百煉鋼與繞指柔糾纏在一起的語言，那種千錘百煉的，然而只是在隨意之間流淌出來的語言，叫人驚豔。有年輕的文學從業者認為魯迅語言不好的，我覺得那是因為他太年輕了，他還讀不懂魯迅文字中那種豐富性，那種飽滿的內質。比如，〈紀念劉和珍君〉一文第一部分，一個詞語，這個詞語總是叫我玩味再三，「非人間」，魯迅說，「我只覺得所住的並非人間」。魯迅的高妙就

在這裏，他說的是「非人間」，他不說地獄，不說跟地獄類似的詞語，只說一個「非人間」，這確是人間，但恰是非人間，因為魯迅重點在於說這個不是人間，他的目的是否定，而不是肯定這是一個地獄。所以這樣的詞語總是叫人驚歎。而他這樣的詞語，比比皆是。

但是我不認同的有兩個，一個是魯迅的行文方式。這種行文方式，是魯迅式的，比如他對陳西瀅的批評，說他們是流言家，是有惡意的閒人。我去查閱過當時這些人的文章，並沒有流言，相反，對三一八慘案，各方面都是譴責和批評的，包括後來任國民黨政府立法院長的王世杰，都撰文譴責這一屠殺，王世杰主張用法律的手段起訴。現在看來，我倒覺得王世杰的的做法和主張是可操作的，這個事情，不能一罵了之，需要有一個法律主體來承擔責任，需要通過法律的手段，來辨析罪責。為什麼戰後一定要審判，也是這個原因。

魯迅的行文方式，跟我現在認同的說話方式不一致，我覺得，學術爭論，一個起碼的要求，就是就事論事，不能無緣無故的蔓延開來。所謂有一分證據，說一分話，魯迅你說陳西瀅是流言家，請你舉例子。後來我看到的陳西瀅的文章，不是像魯迅說的那樣啊，這個文章我還在電腦硬碟裏，大家都可以找陳源的原文來看。魯迅這種文風，我個人覺得不太好，他在很多別的文章裏也有這樣的例子，夾槍帶棒，話裏帶刺，比如〈拿來主義〉，你諷刺邵洵美、葉靈風幹嗎，渾身上下不搭界的嘛。我開始讀覺得好笑，覺得魯迅太可愛了。現在我想，如果這是公開發表的負責任的文章，魯迅就應該就事論事，不涉及私德，不涉及對人格的猜疑。如果魯迅對邵洵美和葉靈風有意見，可以另外寫作文嘛。

這一點，我發現有些研究魯迅出身的也是這樣的，前幾天讀汪暉《死火重溫》，他的前言也這樣皮裏陽秋，很叫人不舒服。

此文另一個我懷疑的地方，是魯迅總結歷史經驗的時候，他說人類歷史的進步，就如煤的形成，當時一大片森林，結果卻是一小塊。這沒問題。魯迅接著說，但請願是不在其中的。這一點我就奇怪了，我不認同啊，請願怎麼不在其中呢？因為社會的進步不是在一朝一夕之中完成的，社會進步需要各方的合力。你說康梁的公車上書算不算請願？社會進步的概念需要釐清一下，這一點很重要，不是我們進入互聯網時代了，物質豐富了，產業革命了，就是社會進步，社會進步更體現在觀念上，有沒有平等、自由、開放的觀念的普及人心；更體現在一個社會的制度建設，是不是在目前可能的限度內，最大的保護了我們每個個體的公民權利，人格尊嚴等等。魯迅否定請願，我個人不同意。

而最重要的是後一句：更何況是徒手。這句話我簡直有點生氣。魯迅你這是幹什麼呢？學生，不徒手，難道教他們拿起槍桿子嗎？這裏有兩個意思，一個是，學生，就該做學生的事情，關心國事，也不至於叫人拿起武器吧。有一個好辦法，只要相信歷史的進步不是在一朝一夕之間完成的，就可以努力學習，將來為普通民眾的福利的改善做點事。我們可以看到無數這樣的學術報國的例子。另一個，我認同非暴力的方式。從托爾斯泰、到甘地、到馬丁路德金，到曼德拉，已經為更多數人接受了。可能魯迅沒有看到這個。跳出歷史週期律，一治一亂，總要有對立的其中一方，有更高的言說方式，話語方式。

這裏我的說法很容易被理解為，對段政府殺人的事情輕輕放過，而對魯迅加以苛責。我想，首先，對政府屠殺平民的事件，這是一個基本底線，默認前提，不可能不譴責，魯迅名之為民國以來最黑暗的一天，不為過。王世杰、朱自清等等，都撰文譴責，並且訴諸於法律解決。而對魯迅的苛責，我想，首先，魯迅是一個值得苛責的人，他那麼偉大，不苛責他，還有誰值得苛責？其次，魯迅的影響力太大了，他的一篇文章，勝過無數人的喋喋不休。魯迅的聲音更大，他的地位更有號召力，我們自然應該多苛責於他。

這樣的地方非常多。我在教授魯迅作品時，總是要提出我個體的看法。再比如人教版〈燈下漫筆〉，這個就見出魯迅的洞察力的。魯迅縱覽歷史，得出這麼兩句，坐穩了奴隸的時代，想做奴隸而不得的時代。太傑出了。還能找出那哪一個人，能有這樣的看法呢？就憑這一句，魯迅也該被我們記住，就應該受到我們的尊敬。太了不起了。尤其是魯迅這樣的句子實在太多了。

但是，如何跳出歷史週期律呢？魯迅言之不詳。他只是簡單的說，創造歷史上沒有過的第三樣時代，要靠年輕人的努力。但是在魯迅自己，他是個徹底的懷疑主義者，他事實上未必會簡單的相信真有這樣一個時代，有你所不願意的在你的黃金世界裏，我不願去，嗚呼嗚呼，我不如彷徨於無地。這就是魯迅的觀念。

但現在我們知道了，至少知道了，未來的第三樣時代，可能是怎麼樣的，也在一定程度上知道了，我們普通的民眾，在走向開放的路途中，自己可以做一些什麼事情，有了操作性。儘管前途漫漫，但只要有一點進步，還是感到高興。

最後我講講為什麼我同意哀其不幸，卻不同意怒其不爭。

因為魯迅是知識者，知識者很可能要比普通的無知者更多承擔一些痛苦。普通民眾因為沒有受到知識的光照，你叫他如何覺悟？所以作為知識者，我想，面對這些大眾，除了愛，還有的，還是愛。當然，我自己暫時還是做不到的。

17、在魯迅路口

　　每天，我都從這個路口經過。

　　這個地方，原來叫做東昌坊口，幾年前的仿古重建，成了現在魯迅故里。如果是紅燈，我就停在馬路這邊，隔著馬路，看那塊碩大的壁畫，你手夾著捲煙的模樣。陳丹青說你好看，我覺得，你是個老憤青，你的眼光，甚至有些玩世不恭。

　　形形色色的行人，他們是來自四面八方的遊客，三三兩兩，絡繹不絕。他們在你腳下嘻笑喧鬧，拍照留念，然後離開。於是又一群人擁到你的腳下。拍照留念，然後離開。

　　還有你的鄉人，他們蹬著三輪，或者開著車子，從你身邊經過，偶爾，他們也會抬頭看你。

　　這個時候，我離開你很近，只隔著一條馬路，那裏就是你童年生活留下腳印的地方；可是我又覺得離開你很遠，就像你的目光穿透了眼前的一切，投向一個不知名的遠方。——那無盡的遠方，和你息息相關，可是，和我呢？

　　我在夜深人靜時分靜下心來仔細思量。范美忠說，我沉默，我感到空虛，我將開口，我感到更加的空虛。你幾乎是一個符號，一個幻相，你就像從來沒有來到這個世界上。即便我捧起魯迅全集，硬面精裝本的重量壓在我膝頭，讓我感到你的在場，我還是覺得，這恐怕是一個被虛構出來的人物，如果這個人曾經來過，怎麼會不在我們市民的精神生活中留下一點痕跡？

每次，在講授魯迅的作品時，我心裏都像壓著一塊沉重的石頭。我在「看客」這個詞上劃了一個又一個圈，我在「冷漠」這個詞下加了一個又一個著重號。為了一篇短文，一則短篇小說，我跟我的學生，用去整整一個禮拜的時間。有時，僅僅為了一句話，可是這句話多麼富有深意啊，怎麼琢磨都無法闡明它的微言大義。這是你語言的非凡的穿透力。「舊曆的年底畢竟最像年底」。這是《祝福》的第一句話，那一次我突然就感到這句話巨大而豐富的力量。這是漢語的力量，是俏皮，是沉痛，是悲愴。「舊曆的年底畢竟最像年底」，畢竟，舊曆，年底……我感到有一種天命般的悲哀，難道，我們就一定要徘徊在這個前現代的中國的陰影裏麼？這個時候，我膽敢說，大先生，你的後人同鄉，讀懂你了！

這樣的時候不止一次。就像我的朋友梁衛星說的，每一次讀你的文字，都宛如初見。我經常驚詫於你對歷史和現實的穿透性把握。別人費盡唇舌糾纏不清的事情，你總能輕而易舉，一言中的，如囊中探物。「做穩了奴隸的時代，想做奴隸而不得的時代」。對歷史的洞察和超凡的漢語駕馭能力，在你身上奇妙而和諧的結合在一起，使人拍案叫絕，額頭若有靈光綻現。這是怎樣的漢語境界啊。我一直說，要追求一種強健的、有力量的漢語，這種語言跟過分的抒情無關，只跟思想力量有關。這種境界，在你那裏，隨處可見。於無聲處聽驚雷啊，這是你自己的句子，多年以後我讀你的文章，如受電然，我知道有一個活生生的中國，叫人不敢逼視。

可是多數時候，我對你充滿了腹誹。

那一年，我租住在離魯迅故居不遠的一處小屋裏。夜晚，人聲闃寂。紹興畢竟是小城市，這樣的夜晚適合讀《野

草》、讀《南腔北調集》、讀《墳》。可是有一種抑鬱從紙上泛起，從我內心泛起。它像鉛塊，壓得人喘不過氣。這便是我要看見的活的中國麼？這便是睜了眼看，不逃走、不矯飾、不詩化的現狀嗎？那一次，我逃走了。我約了一個年輕朋友，到一個歌廳狂吼了一陣beyond。我在當晚的《讀魯札記》裏寫到，也許，beyond年輕的迷茫和絕望，才更適合當前的青年。

　　因為這無處不在的黑暗，我在很長一段時間裏，不推薦我的學生去讀魯迅。就像你自己說的，你的文字有毒氣和鬼氣。一個從黑色中來的人，才能以黑色的筆墨描繪黑色。就像你自己說的：自在暗中看一切暗。如果你真的要隻身肩住黑暗的閘門，那麼，我寧可，孩子們有單純的快樂，而不是如你，因為洞穿了歷史的吊詭而獲得深重的罪感從而必須抉心自食。我寧可孩子們去讀《小王子》，那種淡然的憂傷和洞明的快樂，不是你希望孩子們得到的嗎？我不願意他們過早的深味你黑暗的內心——那需要多大的心力啊！

　　不是沒有溫暖。故鄉、閏土、百草園，在你的筆下多麼清新可愛。但是我不敢深入玩味，因為這種清新可愛的溫暖之下，是深刻的荒寒。一個人，只有無所依恃的情況下才會遠遠眺望童年。天空一無所有，為何給我安慰，童年已然消逝，留下的只有無盡的虛空。我害怕看到閏土終於叫出的那一聲「老爺」，這是兩個世界的最終決裂。我害怕看到「Ade，我的蟋蟀們！Ade，我的覆盆子們和木蓮們！」，你終於回不去那個溫暖的童年，從此你隻身面對無物之陣，成為一個橫站的士兵，誰都不是你的敵人，可誰都是你的敵人。

　　我對你充滿了腹誹。因為我在讀你的時候，時時看見了自己無辜的影子。每次講授〈紀念劉和珍君〉我都如芒刺在

背，進退失據。你一口一個「庸人」，一口一個「無惡意的閒人」，你對普通民眾的憤怒多麼深切啊。「忘卻的救主快要降臨了吧」，是的，忘卻就是我們的本能。可是，大先生，為了維持我們肉體的生存，在這個充滿了刀俎和殺戮的年代，我們還有哪一條道路可循？人們告訴我這是「哀其不幸，怒其不爭」。人們還告訴我，「愛比死更冷」，只是，先生，你能給我一個更高的超越的可能嗎？

很多人，從你腳下經過，仰頭看看，或者不看。你說，你一個都不寬恕。我趁著綠燈的時間，從你腳下經過，我打算，寬恕每一個人，包括我自己。

2006年9月

黑暗時代的人們

1、我所認識的范美忠

我經常耽於古人的一些句子,突然之間就會出神。這些句子盤踞在我的身體裏面裏,就和我的心肝脾肺攪和在一起,沒有辦法分開。比如想到「手揮五弦,目送歸鴻」一句,世界就異常開闊起來,一切都顯得遙遠而舒緩。還有一次,是想到了「涼風起天末,君子意如何」一句。這一次我是站在講台上,面對53名高中生,突然想起范美忠長久沒有給我電話了,於是很想他。

我常懷疑這是一種不合時宜的古典幻象,但是我能捕捉到其中的細微感動。一個人在他自己的世界中似乎跟外界失去了任何聯絡,多少年來他孤寂的生存著,就跟周圍任何一個人一樣。我經常慶幸,我覺得我的精神背景異常開闊,很多人站立著,他們的站立本身便是力量。這便是我的信靠。他們有的著作戳在我的書架上,有的組成了我切實的生活。鄧曉芒在自述治學生涯的一篇文章中有一句話常叫我心動:我想,我應該獨自上路了。心動歸心動,我發現我是一個軟弱的人,沒有強大的我執。我需要這些促我站立的力量。

一、網友范美忠

一般大家樂意見的,多是異性網友吧。我很失敗,上網多年,第一個見到的網友卻是范美忠。范美忠架著厚厚的眼

鏡，光線似乎都無法穿透，他從廣州飛來紹興，為了跟我爭論幾個問題：錢鍾書是不是兩腳書櫥，王小波意義何在。時間是2002年5月。

2001年左右的新浪論壇讀書沙龍有很多讀書人在，也有很多喜歡玩的人在。我差不多跟范美忠同一個時間來到這個論壇。不過那時候范美忠確是一個討人嫌的傢伙，第一他喜歡辯論，有一種執著如怨鬼，糾纏如毒蛇的辯論精神。其次，他動不動就講北大，誇張的說，就有「兄弟在北大的時候」的味道，不過他倒不是因為畢業於北大而吹牛皮，他再三強調他鄙視北大。後來作證的是他的一篇引起轟動的長文〈點評北大歷史系諸先生〉。這篇文章在網上流傳很廣，不過我倒覺得未免有些刻薄。後來范美忠自己也承認了這一點。人的認識也有一個漫長的過程，這絕不是范美忠最後的意見。還有就是我一度認為他有一種智力上的優越感，他能夠理解到問題的一個層次，如果別人不能理解，他就覺得可笑。這一點後來我們相熟了，才明白，這是一個隻為他自己的精神世界而活的人。他的不通情理，只是因為他從來沒有想到過居然要去通情理。我想這也是他畢業以來不斷流浪不能停止的一個原因。

最初的搭話大概是因為一個關於魯迅的問題，我讀完李歐梵的《鐵屋中的吶喊》，覺得很不錯，便推薦范美忠不妨去一看。范美忠回答很不屑，覺得這本書很一般。我覺得奇怪啊，李歐梵，那是大師啊，居然是垃圾，范美忠未免也太狂了。

這樣的爭執有過好幾次，還有一次是因為王小波。王小波曾經給過我很多啟發，可以說我一直是他的擁躉。而范美忠對王小波也是不屑的。我們兩個爭論的帖子寫了不少，但無論

如何，范美忠的狂已經給了我深刻的印象。我喜歡恬淡從容的文字，又有些古典精神，寫文章不免引用別人的話。范美忠便說是「文抄公」、「掉書袋」。如是者三，我便生氣。我寫了10000多位組的文章罵他，標題是〈自大、偏執、好為人師：范美忠額頭的三個印記〉。寫完很高興，我期待范美忠跳將出來跟我辯論，我要好好的對付他。但是很奇怪，這次老范沒有什麼劇烈的反應，大出所料。他說以後有機會見面討論。我多年上網的經驗，網上的爭論，到後來多不能繼續，而流於互相攻擊。我倒是一直在守護這條底線，儘量只對這件事情本身發言，而不涉及人身攻擊。批范美忠的文章儘管也比較刻薄，但我自忖沒有惡意。

飛機是到蕭山機場的。沒見過面，我們約好，美忠手裏拿一本林賢治編的《記憶》，就可以辨認了。但是范美忠沒有捏這本書，不過我還是一眼就認出他了。後來我想是不是讀書人身上都有那麼一種氣息，這種氣息是可以叫人由陌生而親近的。

甫下飛機，沒有客套，范美忠的第一句話是「王幹不行啊」。范美忠飛機上在看一本王幹的《邊緣與挑戰》。於是我們的討論就從當前的中國文壇開始。這場對話持續了3天。我在紹興租住的地方是一處陋室，夜已經很深，我們的談興依舊很濃。范美忠斜倚在床上，昏暗的台燈光從他背後照過來，他的臉埋藏在幽暗之中。我們各自手裏握一杯茶，繼續話題。話題散漫，無邊無際。這是我們的第一次全方面交流，從古典詩歌到自殺的胡河清；從卡繆的薛西福斯到魯迅的過客。確實，范美忠的到來，給蟄居小城的我帶來了強烈的震動。我得承認，他在多數地方，見地都高我一疇。不過，印象最深刻

的，是他的思維密度，他須臾沒有離開過他思考的一系列問題。第二天我們去紹興周邊的古蹟遊玩，我發現，范美忠對這些人文景觀、自然景觀，並沒有什麼特別的興致，他最在乎的，還是他自己的意識流。

這一點我以後還會不斷的感覺到，我跟他一起吃過無數頓飯，最後我只能說他在食物方面的要求便如王安石。王安石只吃他面前的一盤菜，范美忠庶幾如此。我結婚後，美忠來我家，我煮了大閘蟹，他居然不會剝也不會吃，只好叫旁邊的小姑娘幫他，他一手捏著蟹鉗，一邊繼續魯迅的《野草》，旁若無人，沉浸在自己的闡釋中。後來他終於靜下來了，他突然發現手裏有一隻蟹鉗，就開始仔細觀察，如何下嘴，一邊說：咦，這個怎麼吃呢？

他也不會吃小核桃，我們吃完飯，坐在客廳的沙發上，胡亂說話。美忠看到我們吃小核桃，便也拿一顆捏在手裏，他也會咬開，但是小核桃內部複雜的結構叫他深刻的絕望：他老是吃不到肉，而核桃殼散滿了一地。

我喜歡聽美忠朗誦詩歌，里爾克或者葉芝，或者穆旦，或者海子。在朗誦〈豹〉的時候，他讀到「強韌的腳步邁著柔軟的步容」，「通過四肢緊張的靜寂——」這兩句，眼睛便凸出來，四肢緊張，手指屈張成豹爪狀，他完全成了那隻鐵籠中的豹了。只是他的面前不是走不完的鐵欄，而是一杯啤酒。

葉芝的〈基督重臨〉，「在向外擴張的旋體上旋轉啊旋轉，獵鷹再也聽不見主人的呼喚」，他的聲音渾厚而沉靜，朗誦起來，就像有一陣陣旋風吹刮過我的頭頂，樹枝樹葉都簌簌沙沙作響，隨風盤旋，而風暴的中心，似乎存在著一條未知的路徑……

二、失敗的中學教師

我至今仍然認為范美忠到中學裏教書是一個錯誤的選擇，雖然他現在還是樂意在中學裏教書。他對於教育的情懷確實很可貴，他和李玉龍兩個都是教育「瘋子」。范美忠自己有過不少關於教師生涯的文章，從中可見一斑。2004年到了成都以後，他讀了一些教育學的經典著作，之後覺得一扇大門打開了，特別想在自己的教學過程中實踐他自己對真正的教育的研究。那種躍躍欲試，頗可愛。但是可惜，中國的教育現狀對他這樣的充滿了理想主義的人，大門緊閉著。可以說，作為中學教師，他至今的嘗試是失敗的。當然，他的失敗除了中學教育本身的死板與僵硬之外，我還要說，這裏也有范美忠自身性格的原因。

范美忠除去目前在成都某校兼課不算，他在中學裏待過2次，一次是大學剛畢業，作為一個北大畢業的人，竟然選擇去中學教書，這件事情本身就叫人驚訝。余杰在其文章〈教育者的傷痛〉中提到過這件事情，說范美忠才無愧於北大學子。這個愧不愧我不敢說，只是范美忠滿帶理想的去了，結果卻是逃亡。

還有一次是在杭州，他教了2個多月，最終也還是逃亡。

我們多可以繼續控訴萬惡的中學教育，竟然容不下這麼一個才華橫溢而又對教育如此虔誠的人。但是我也想，如果能夠認識到現在的中學教育是怎樣一個現狀，是不是我們在進入

之時也應該採取一些必要的策略？方式和內容同樣重要。有時候失敗僅僅因為，我們一時熱昏了頭。

我經常記得一件事情，那是1995年的夏天，浙江淳安的一個貧窮小鎮，我們去支教的師範生滿腔熱情，似乎要給山裏的孩子帶去些什麼，想要改變一些什麼。比我們早畢業兩年的英語老師，他戴著玳瑁眼鏡，踢著拖鞋，跟我們說：沒用的，我剛來的時候跟你們一樣的。他一邊走，遠遠的回過頭，用一種看破紅塵的聲音，拖長了跟我們說：真的沒用的。我經常記得這件事情，10多年了，一直將這看作一面鏡子。我便不相信輕易的衝動。別的我不知道，對中學教師這個職業，我竟也如魯迅所說的那樣世故起來。

我不是說美忠去中學僅僅因為衝動，他的〈尋找有意義的教育〉一文使得我所有的描述都顯得蒼白。我只是想說，如果你選擇當中學教師，你就不得不面對這些現實的、繁瑣的事情。我們的所有努力，就是通過這些機械的、低級的、重複的簡單勞動，給我們的學生一點點文學的薰陶、思想的啟蒙。須知時代的變化從來不產生在一夜之間，需要一個漸進的、漫長的過程。而我們，都是中間物。哈耶克所謂用觀念戰勝觀念，不是我們用我們的觀念戰勝同時代人，而是我們的下一代，擁有這種觀念的人越來越多，這才是用觀念戰勝觀念。

我無數次的跟范美忠說過，你不適合當一個中學教師。但是我也實在想不出，究竟有什麼工作適合他做，他只是一個為自己的精神世界而存在的人。我想不出可以有一件怎麼樣的實際工作可以讓范美忠做。上面我已經說過了，他是一個純粹的，只生活在自己的精神世界中的人。他在日常生活的笨拙常讓我啞然失笑。但是我又想到，我們想要實現一些目標，如

果不通過現實生活的媒介，如何到達呢？所謂到岸捨筏、得魚忘筌，之中要有一個筏子，有一個筌。我們不得不通過這一途徑。

我認為范美忠不應該做一個中學教師，還因為中學教師也是一個橫站的士兵，甚至，他不但腹背受敵，他還要掙脫來自他自身的羈絆。

以我為例，教了10年書，忍受了10年了，按理也應該麻木了吧？但是我現在竟然越來越不能忍受了。不是說課堂無法忍受，也不是說跟學生交流無法忍受，而是除此以外，你每天都必須面對無數的繁瑣而毫無意義的事情。這些事情擺在你面前，煞有介事，好像這是世界上最有意義的事情。但是你知道它毫無意義，但是你居然就繞不過它。荒誕就在於此。

你還必須跟考試搏鬥。雖然你范美忠當年可以痛斥學生為了幾個破分數緊張成這個樣子。但是，美忠，我們學生能不重視這幾個破分數嗎？為了這幾個破分數，你就不得不和弱智的《優化設計》交往，你知道做這些個練習是侮辱你的智商，但是你每天不停的侮辱著自己。

你還要跟你自己搏鬥，警惕自己。因為重複的、低效的、淺薄的知識體系，它會拖你到一個貧乏的深淵。也許有一天你從學生的作業本中抬起頭來，你就發現你已經被那些本來一樣是關注當代思想的朋友們拋在了後面。這也不要緊，你說，當中學教師就是一種犧牲嘛，我可以在教育上有自己的建樹呢！

可是你當真捨得嗎？你去當中學教師了，就放棄了《野草》的闡釋？除此而外，你同樣不可能突破目前教育界這個名利場。《教師之友》的結局，說明了一切。

三、物質生活

　　晚上給美忠打電話，他正在都江堰通往他所在學校的路上獨行，回校晚了，已沒有公交車，他就走回去。這條路，大約也有幾公里吧。我聽見電話裏有汽車呼嘯而過。放下電話的一剎那，突然一陣心酸襲來，不能自已的一陣心酸。我想這本來不應該是我應該有的情緒，我從來沒有這樣的情緒。老范，我們在一起喝酒吹牛也好，電話長聊也好，永遠只談論形而上的東西，永遠在雲端裏不肯回來。我們有各種爭執，甚至要吵架，我們也有一起沉浸在「滿天風雨下西樓」的時光，我們感歎〈秋日〉，在林蔭道上不停的徘徊。

　　我幾乎每天都要想起這些人：傅國湧、郭初陽、范美忠……想起他們就內心溫暖。想起老范來，也多是他可愛的模樣，妻子跟我說，范大嘴，你們好久沒有通電話了哦。妻子很驚訝：你們兩個大男人怎麼有那麼多說不完的話。

　　我結婚的前一天，范美忠特地從成都轉道長沙飛過來，帶了一捆有我那篇批判魏書生的《教師之友》。夜深了，范美忠極度的疲憊之後，竟然極度的興奮，我們聯床夜話，竟不知東方之既白，似乎我也忘了明天還要結婚。第二天我侄子豆豆來了，我跟他說，這位叔叔是從成都飛過來的。侄子大樂，直叫：你飛過來的？你真是飛過來的？那你飛給我看看啊。老范無奈，就張開雙手，笨拙的作飛行狀。

　　我認為老范身上，充滿了喜劇細胞，也充滿了遊戲精神。一方面他常被現代性的焦慮包圍，一方面，當他暫時脫開

一切，他就充滿了兒童般的快活。一次，跟咕咚在我家，談到兩個人談戀愛，應該如何表達深情，就應該在久不相見之後的見面時，如電影的慢鏡頭，緩緩跑向對方，同時以拖音深情呼喊對方姓名。老范一邊說，一邊手臂如跑步姿勢，緩緩揮動，惟妙惟肖，圍坐者無不大笑。

范美忠記不住路。暑假裏去蕭雪慧老師家，老范記得去西南民族學院的路，也還記得到教師宿舍的路，只是蕭老師住在那一幢，就不記得了。他也不用心分辨，還是跟你繼續談論的那個話題，走到一幢樓前，說，哎，不像啊。於是繼續走，走到另一幢樓前，又說，不像啊。老范來過好多次了，最後只好繼續給蕭老師打電話。

但是我今天突然被一種心酸擊中，突如其來。我不明白究竟為了什麼，難道僅僅因為是冬天了，而我的書房顯得如此溫暖？妻子懷孕待產，我在凡牆皆是書的房間裏優游，而范美忠就在夜晚的那條路上踽踽獨行，在四川的那個地方，我沒有到過，想不出是怎樣的景象，但是我突然想到，這不就是魯迅筆下的那個過客嗎？

我很內疚。

我從來沒有跟范美忠談論過我們各自的物質生活。似乎這個東西在我們之間不存在，我們高居於雲端之上，不食人間煙火。

第一次見面，我也還是單身，我們談論的是我們各自如何讀書。當時范美忠在廣州日報下面的大洋網工作，他說，每天他就煮麵條吃，工作之外的時間就是讀書。我也覺得自己讀的不少，但是跟他的瘋狂比起來，還差得遠。後來到杭外，我們還是談論文學、音樂、思想、中國的現實。我去杭州，或者

他來紹興，交流的還是我們各自最近的讀書心得。再後來，他去了成都的《教師之友》，於是他火熱的投進了教育事業，他潛藏在內心的教育熱情被喚起了，於是每天跟我講的，就是語文應該如何，教育應該如何。我都被他拉下水了。此前，我雖是教師，但是我對教育，壓根不感興趣。

我們幾乎不談收入啊、房子啊之類的問題。不是因為我們假清高，而是我們確實從來沒有想到過這些東西居然有談論的必要。我們倒是談論過成名的問題，很久之前，老范就引張愛玲的話跟我說：啃兄，成名要早啊！

這一點我不否認，我有過想成名的念頭。老范怕也有吧。尤其是當我們發現教育界多是欺世盜名之輩的時候，我們發現底下的聽眾不在乎你說了什麼，只在乎你是否名人的時候，我們就想，名聲是個好東西。我承認我的境界不高，這裏我沒有企圖讓聽眾也成為有勇氣在一切事務上運用自己的理性的人，我是企圖樹立另一個權威。不過我還是暗自慶幸，至少，我們有虛榮，但是我們沒有被虛榮奴役。我們依舊保持著對生活的誠實。

但是我們錯了，就錯在我們需要關注自己的物質生活。兩年前吧，我在杭州，跟郭初陽聊天，我們便認為，物質精神的兩元對立是不可靠的，這實際上是同一個東西。這是一直以來困惑我的一個問題。劉志釗那篇〈物質生活〉是一個極端，似乎在一個詩人那裏，物質和精神便永遠不可以調和。我們的物質生活深刻影響了我們的思考。生活的方式，很大程度上就是思考的方式。我們對它有意無意的忽視，是不對的。范美忠那篇〈尋找有意義的教育〉在中青報「冰點」上發出來之後，我跟一個一個網友發短信，跟她說：希望這給美忠帶來一

些現實的利益。那時候，因為《教師之友》被改組，美忠和李玉龍，已經好幾個月沒有拿工資了。

四、為什麼流浪，流浪遠方

這句話是齊豫的一句歌詞，很抒情，齊豫的聲音宛如來自縹緲的雲端之上，於是似乎流浪就是一件帶著淡淡憂傷的詩意享受。不是說「生活在別處」嗎？米蘭昆德拉這個小說的另一個題目就是「抒情年代」。

有時候我真這麼想，也許，顛沛流離，到處流浪，就是范美忠的宿命吧。美忠在廣州失業的時候，我在QQ上這麼安慰他，我說，跟你的肉體流浪不同，我相信此心安處是吾鄉。這句話是多麼的不著四六，多麼的矯情啊！有時候，一個人內心的軟弱會那麼尖銳突起，硌得人生疼。此心安處是吾鄉，可是，究竟怎樣才能安妥這顆柔弱的心呢？在詩意的矯情被剝離之後，在心靈不能成為石頭的時候，我們斷裂了道家傳統的自欺欺人，無從逃脫無法轉開自己的眼睛，我們不得不看到這個佈滿著傷痕、污穢、陰寒的世界。我為這句話的自欺而汗流浹背。一度，我是那麼的恬然自安。

我曾經這樣想，現在有時候也這麼想，這樣的漂流無根，這樣的境遇，伴隨他的是焦灼感、荒漠感、虛無感，這是他創作的泉源。美忠深刻的生命體驗，他對生存困境的內在省視，使他文章有一種直達本質的穿透力。他拒絕矯飾，他的文字便是他生命的本真，思維之流在他糾纏交結密如叢林的語詞中緊張奔突，使他的文章多充滿無可化解的密度，成為一種尖

銳而厚重的力量，使我這個讀者深感窒息而無從逃脫。但是他又不僅是意識流的傾瀉，他內在的理路同時清晰可辨，指向黑暗的最深一層，只不過精神的力量太過強大而常使我喪失了分辨的勇氣。茨威格有文章稱，與魔鬼搏鬥，范美忠何嘗不是在搏鬥之中？

我總覺得流浪就是范美忠的宿命，只是我在這樣想的時候，我置身事外，不關痛癢，沒心沒肺。古人說「國家不幸詩家幸」，這句話我經常感到其中的冷血。比如杜甫，這個饑寒交迫的瘦削老者，我們竟然要說他很「幸運」嗎？我們獲得了審美的同時，我們輕易的忘記了這是切身的苦難和血淚。顛沛流離的生活是無法被詩化的，詩化在詩人本身便是一種虛偽，而在他者眼中，便是一種薄情，甚至冷血。

范美忠97年大學畢業到自貢蜀光中學，不久因為課堂言論不得不逃亡，到深圳，再到廣州，不久辭職，到重慶蟄居，想考研，但是無法忍受外語和白癡的政治，放棄，不久又到北京，幾個月的編輯生涯使他深感不自由，不久又到杭州，在一個中學教書，不久再去成都，在成都的《教師之友》雜誌算是最長了，因為那裏還有一個教育狂人李玉龍，但不久隨著《教師之友》編輯部的被清洗，不久又失業，現在，他在都江堰附近的一所中學裏兼職教書，我不知道這次他還會在這個地方待多久。

這是怎麼樣的生存狀態？他永遠都在路上，就像那個過客說的，不，我不能停下。他便仿佛是那個永遠往復不已的西西福斯，承擔著最為深重的苦役。

我不止一次的感到自己文字的無力。也許文字本身就是無力的，我將開口，我感到空虛，我沉默，我更加空虛。在紹

興寒冷和潮濕的夜裏，周遭停止了白天的喧囂，我經常停止敲擊鍵盤的雙手，面對螢幕，思維停滯。我還能說點什麼呢？

事實上我那麼的希望老范有一個安定的生活，安定了，才可以讓人有一個從容的心態。電話裏，我常跟老范講，比如，我在婚姻之後的平和心態。這種心態是我讀書寫字的保證。但是我無法說服他，對我而言，他實在太強大了。於是我痛恨。據說華北之大，容不下一張安靜的書桌，可是中國之大，何處是我朋友的家？

太久了，顛沛流離的日子，這或許會讓我們更深刻的感到世界的荒寒，從而更深刻的洞察我們的處境，又或許，這樣的生活也將使我們的心靈粗礪。老范說，行走抵抗虛無，但是我們究竟能夠在多大程度上抵抗這種虛無呢？老范所愛的詩人里爾克，有兩句詩，一句是「有何勝利可言，挺住便是一切」，我拿這句詩歌回答剛才的問題，可是，里爾克還有另一句：「離開村子的人將長久漂泊，也許，還有許多人會死在中途。」這不是一句讖語，而是一句警示。

我也不願意將一切都歸咎於老范所處的環境，環境，自古皆然。你所服膺的魯迅，不也在這樣的環境中麼？我還更不忍心說，這一切，還由於你老范性格上的缺陷。我承認我比你世故多了，但我還是要世故的鼓吹，妥協一點，就妥協那麼一點點，甚至我不認為這就是妥協，生活本來就是這樣，我們首先必須安頓好自己的身體。不是教你市儈，你知道這些市儈的想法我也從來沒有，我只是認為，我們應該學會更全面的看待自己，學會瞭解自身的複雜性。

五、最好的年代

　　這個標題套用的是《雙城記》的開頭：「這是最好的時代，這是最壞的時代；這是智慧的時代，這是愚蠢的時代；這是信仰的時期，這是懷疑的時期；這是光明的季節，這是黑暗的季節；這是希望之春，這是失望之冬；人們面前有著各樣事物，人們面前一無所有；人們正在直登天堂，人們正在直下地獄。」

　　我無法定義我們的2004年，當時間過去整整一年，我們獲得較為平靜的心態來觀察這一年的人和事，我覺得沒有比狄更斯這句話更加切合了。

　　2003年秋，老范在拋出〈教師生涯總結陳詞之後〉，從杭州流竄到成都，開始他一年多的《教師之友》編輯生涯。這之中必須提到一個傳奇式的人物：李玉龍。

　　最初我聽說，李玉龍是特種兵出身，這叫人驚訝。我想，李玉龍恐怕就是那種海軍陸戰隊裏的剽悍漢子吧，高大強壯，酷。不過我不清楚他怎麼會捨棄部隊政委不幹，轉而投身教育的。這是一個謎，甚至在我們一群朋友中間，就成了一個傳奇。

　　而事情就是這麼奇妙，李玉龍把范美忠拉到了《教師之友》雜誌，而范美忠把我們這群身為教師卻認為中國沒有教育的人，拉到了《教師之友》周圍。

　　2003年的深秋，一個雨夜，我還在辦公室，突然手機響了。電話是郭初陽打來的，他跟蔡少軍在成都，和李玉龍范美

忠喝酒呢。隔著電話，我仍舊可以聽到范美忠的大嗓門，似乎在討論某一部電影。我想見老范昂首高談的模樣，不由失笑。接下去我跟李玉龍寒暄了幾句，因為是初次通話，我不免還有些拘謹。寒暄的內容忘記了，只記得李玉龍富有特色的爽朗笑聲。這以後，我愈去愈遠，終於陷入教育的泥潭，卻也不想拔足。

我始終不明白的是他們對教育的熱情，一種宗教般的虔誠。劉支書助理說李玉龍和范美忠，一談到教育，就兩眼放綠光。我覺得，他們對於教育，就像談戀愛，且是耳鬢廝磨、如膠似漆、長命無絕衰的那種熱戀。按說熱戀需要的是激情吧，而激情總是短暫的吧，可是他們兩個，竟然樂此不疲，從來沒有厭倦了、失望了這樣的情緒。這一點，我到現在還不能理解。我真的不能理解。郭初陽說，他認真教書，很多時候只是因為對職業的尊重，這跟他為人的嚴謹和對技藝的執著追求有關，他曾經引用黃燦然論王寅的詞語自況：「一個精彩的炫技者」。而我現在也關心一些教育，也做一些小事情，那僅僅因為我明白了，人活著，總得做一點事情。《教師之友》被清洗改組之後，李玉龍曾經來過紹興，倏忽來去，我們作了一夜深談。我對自己從事的教育的感情淡漠是無法改變了，但是李玉龍說的一句話卻令我心中一動：人活著，總得做一點事情。

這個觀念後來越來越清晰，不久前一個晚上在杭州楓林晚書店聽完朱學勤的講座，人們提到了朱學勤的一句話：寧可十年不將軍，不可一日不拱卒。這個意思，傅國湧先生用另一個詞語表達：得寸進寸。總而言之，就是做一點事情，哪怕這個事情是微小的，是芥末般不起眼的。

現在，《教師之友》被改組已經過去整整一年了，我回憶這一年，並不是為了感傷或者憤懣。求仁得仁又何怨，面對一個強大的利益集團的時候，失敗或許在所難免。問題在於，很多事情，我們知道必然失敗，但我們還是要這樣去做的。再者，通過這件事情，我們看得更加清楚了，對於人，對於事，我們獲得了更為清醒的認知。魯迅在《吶喊自序》裏面說，誰也不是振臂一呼應者雲集的英雄。這一點，我從來都是這樣認為的，所以我不喜歡用啟蒙這個詞語，這個詞裏面隱含著知識者高人一頭的精英意識。這個世界此亦一是非，彼亦一是非，我不敢說啟蒙，我只是盡力表達我的真實想法，便好了。

我把這一年以來李玉龍和范美忠做的事情羅列如下，作為一段日子的記錄。我不相信這些事情有永垂不朽的意義，我只是相信對於中國非人的教育而言，這些事情自有其不可替代的價值在。

2004年1月，《教師之友》刊出「那一代」專題，對魏書生、錢夢龍、于漪這三位巨頭進行批判，引起了熱烈爭論。

2004年3月，刊出對「那一代」繼續討論的文章，其中包括蕭雪慧先生的文章。

2004年4月，徐州會議，第一回青年教師論壇。場面熱烈。

2004年6月，《教師之友》專題，談教師的知識結構。

2004年8月，「教師之友」第一屆高級研修班，在江蘇寶應舉辦。崔衛平先生等學者講課。

2004年11月，網友抗議《教師之友》編輯部被清洗，傅國湧先生撰文支持。

2004年12月，《教師之友》紀念專號。一個時代終結。

2005年初，李玉龍范美忠創辦網刊《教育飛船》；繼《教師之友》編輯部被改組之後，教育線上《教師之友》論壇遭到關閉；不久第一線教育論壇成立。

2005年7月，第一線教師高級研修班，在成都升庵中學舉辦。夏中義教授講課。

《教師之友》編輯部的被改組，在我們這麼大的國家，實在不算一件多麼大的事情，你看《南方週末》，不知道被改組了幾次了。最近的一個消息是關於《新京報》的，也終於淪陷了。區區一個《教師之友》，又算得了什麼呢？范美忠又一次失業，又算得了什麼呢？

六、過客

我曾經批評老范的文章沒有文體感。有陣子他寫東西十分隨意而凌亂，一篇文章顛來倒去，意思繁複。他的文字有時是斷續的，突如其來，如奇峰突起。突如其來的意思是這個想法在文章中如峭壁陡起而沒有任何預兆。或者就這麼說，他根本就不在乎起承轉合。是什麼，想到什麼，就說什麼。這種對待文章的態度，跟我還是有大的不同。儘管我現在也認為寫文章就是為了表達某個想法，某種情緒，但是我對文字本身有一點想法，我追求較為流利的文字，我希望自己有一種語言，這種語言有如下特徵，比如，它是真實的，是生活化的。

不過後來我想，我還是將寫作看作有些類似於某一門手藝的東西，所以我在乎我的表達語言。而美忠在乎的是其精神內核，得意忘言，直指內核，「言」在他那裏，跟這個

「意」是同一回事。也因為這個，他的文章總是密集的，充滿了精神之流。

這些年來，范美忠一直在他的精神之旅中獨自跋涉，他有彷徨，有焦慮，也有內心軟弱的時候，慶幸的一點是，他過著顛沛流離的生活，卻從來沒有因此而傷害他的思想，所謂造次必於是，顛沛必於是，此其之謂乎？非但如此，他還一直處在對自己的不斷超越之中。

2002年，當美忠寫出〈過客：行走反抗虛無〉一文時，我覺得他到達了他的一個高峰。就像一個鐘擺，到了其最高點。較長的一段時間裏，我認為他這篇闡釋文章，是他最好的文章。之前他也有過許多文章，都不錯，比如評村上春樹的，拈出一句「現代人的孤獨與失魂」，可謂中的，村上在世紀之交的中國流行，有其理路可尋；比如評余華的三個長篇，〈《在細雨中呼喊》：讓人恐懼與顫慄的童年世界〉、〈虛假而失敗的《活著》〉、〈《許三觀賣血記》：日常喜劇·生活掙扎〉，對余華的創作做了整體觀照。我覺得老范對當代作家有著清晰的認識，寥寥幾句都能切中要害。對余華的評價，我基本認同，因為余華是我當初曾經喜歡的作家，花過很多時間閱讀和思考。我覺得余華從當年的那個冷酷暴力的描述者，到《活著》裏面的達觀，事實上是一種逃亡。因為余華不夠強大，他不可能始終正視這個陰寒冷酷的世界。《活著》裏面對苦難的那種視角，處之淡然，事實上就是劉小楓在《拯救與逍遙》裏所說的，將心靈化作了石頭。

范美忠在2001年到03年，寫的文章不少，包括那篇題目很大，實際上還欠嚴謹的〈當代中國文壇何以產生不了大師〉，也包括那篇叫人驚服的〈詩人何為：讀《拯救與逍

遙》〉。但我始終認為最好的便是這篇〈過客〉的闡釋。有人說魯迅的哲學在《野草》裏，范美忠直覺的把握了魯迅的生命感悟，一氣成文，圓融自足，這是一種他別的文章所不具備的完滿。正如范美忠評價〈過客〉的那句：「用如此短的篇幅對整個人生做了如此深刻的思索，涵蓋了如此深廣的內容也同樣讓人吃驚。」我同樣用這句話來評價他這篇文章。

有朋友說，范美忠不是對闡說魯迅有興趣，而是對闡說他自己有興趣。這句話說得頗有幾分道理。因為范美忠在精神氣質上，找到了魯迅這個同類。於仲達有文章叫做〈散落在民間的精神兄弟〉，他的感覺很敏銳，他們就屬於這麼一個共同的精神群落。關於范美忠對魯迅的推崇，甚至還有這麼一個傳說，據說在范美忠面前不能提魯迅的一個「不」字，提了他就跟你急。傳說而已，事實上范美忠不可能是一個一切以魯迅的是非為是非的人，他的文章，也不是因循著魯迅的話語無法突破，在他對魯迅的闡說中，有著他自己生命感受的深深烙印。這一點可看作是范美忠的高度，也是一些擁魯的年輕知識者的命門，他們既已將魯迅作為自己的精神資源，他們也就掉入魯迅的是非之中，他們的話語其實便是魯迅的話語，魯迅促成了他們的深刻，也導致了他們的局限。

這個四處流浪居無定所的范美忠，這個活在他自己的精神世界中的范美忠，就不僅僅是那個「不，我不能停下，我還是走好」的過客的現代版本。范美忠是最合適的《野草》闡釋者，他也在這一闡釋中完成了對自己的一種超越。我在讀完范美忠闡釋《野草》的一系列文章之後，感到以前被我目為牛人的一些魯迅研究者，基本上跟魯迅、跟直覺的生命感悟，還隔著不止一層。范美忠有一種穿透性，直抵本質。

2005年，是我一個應接不暇的年份。范美忠的《野草》闡釋一篇接一篇出來，每一篇我都是最早的讀者之一，每一篇都要叫我花上很大的心力。令人驚訝的是，無論是〈死火〉，還是〈墓碣文〉，還是〈復仇〉，范美忠每一篇都幾乎不重複他自己。距范美忠寫出〈過客：行走反抗虛無〉一文，時隔3年。

我認為〈過客〉一文是范美忠當時的極限，而現在，他是在穿越這個極限，到了一個嶄新的高度。且容我引用一長段范美忠的文字，對〈墓碣文〉中這幾句話的解釋「於浩歌狂熱之際中寒；於天上看見深淵。於一切眼中看見無所有；於無所希望中得救。……」。范美忠說：「這是生命哲學的詩化表達是存在之思。彷彿物理學和數學當中利用公式來對紛繁複雜的自然現象進行把握，拋棄了很多具體的原因和內容，比如可能是在醉酒高歌之際，可能是在兩性情愛正濃之時，可能是在仁義道德之下洞察到了人性的醜陋之時，也可能是在世俗意義上的成功的顛峰之時感到了一種寒冷，窺視到了虛無的深淵，感受到了當下所擁有的一切形而下的成功和滿足是如此的虛幻短暫和不可把握，轉瞬即逝。這種無所有，歸根究柢在於所謂生活的表層的現象界的短暫和虛幻性質，這種生命敏感是對文化倫理的家園的意義安全網的穿透，是一種走向地獄的勇者氣質，達到一種存在和生命最深處的本真體驗，是一種內在的深層的心理感覺，是存在的去蔽和敞亮，然後在存在的真實境遇中找到真正的拯救之道，問題在於如何於無所希望中得救？這裏出現了一個空缺，從邏輯上講，這裏也說不通，如果說前面是一種生存悖論式的生命感受和存在感覺的體驗式表達，無須理由和論證的話，那麼得救之道就必須給出理由和解釋了，難

道僅僅是作者在深淵當中內心的一種渴望，其實作者自己也不知道如何得救？這種從深淵到天堂的一躍如何實現？」

　　對於這樣的言說，我很難再來評說什麼。回想美忠起意要寫這一組文章的時候，給我打來電話，邀我一起來做這個事情。我推謝不能。我跟范美忠說，魯迅《野草》的語言本身便是敞亮與去蔽，他已經直接達到了，何必再去闡釋。一則這是我為自己的不能推諉，一則也是我真實的想法。所以當他的闡釋文章不斷出來，而且每一篇都不重複，且拋開了所有以往的闡釋者的時候，我剩下的唯有驚異。

　　不過，我最推崇的還是范美忠〈復仇・二：反思精英心態和超越啟蒙〉一文。前此的文章，范美忠還在很大程度上是一個魯迅的闡釋者，在這裏，他開始超越魯迅的局限。反思包括兩個方面，一個是對「啟蒙」的超越，一個是對仇恨的超越。

　　何謂啟蒙，啟蒙者究竟應該以怎樣的姿態？人民到底是否「庸眾」？范美忠看到了魯迅不恰當的精英主義啟蒙心態，這跟魯迅身上的尼采超人哲學也有關係，魯迅「企圖以超人哲學鑄就強魂，在極度孤獨中獲得擔當社會責任和進行精神創造的力量和勇氣；同時，以一種我即上帝的超人姿態抗衡個體的虛無；以這種姿態對庸眾進行蔑視，保持一種高度自我不顧世俗的特立獨行的人格、思想和行為」，而人類究竟不是上帝，所以啟蒙的姿態不是高高在上真理在我，而應該是平等的，謙卑的。在這篇文章中，范美忠關於啟蒙講了5點，究而言之是謙卑的低姿態、平等、自啟蒙，以及認識到社會進步的緩慢性而有行動的勇氣責任的擔當。我在讀到這裏的時候，由衷的為范美忠感到高興，因為這不僅是對魯迅思想的反思，也

是他對自己過去的反思。那種疾風暴雨式的思想革命固然有其合理，而社會的進步恰如抽絲剝繭，是一個緩慢的漸進的過程，魯迅說「中間物」，說明他其實也認識到了這一點。

對仇恨的超越很大程度上是因為范美忠找到了嶄新的精神資源。「對上帝的信仰讓人認識到自己的渺小和有限而變得謙卑；認識到人與人都是平等的，我們沒有權力蔑視他人；認識到我們都是有罪的，所以懺悔反思自身也是必須的，自己不具有反思和批判的赦免權」，愛和寬容作為一種柔弱的力量，來替代仇恨，或許是另一條道路。一則，仇恨和暴力已經被證明不能解決問題，推翻一個暴君，取而代之的將是另一個暴君。又則，別人的罪，也正是我們自身的罪，所以不要問喪鐘為誰而鳴，喪鐘為你而鳴。

寫到這裏的時候，我記起幾天前跟范美忠的一次通話。他說最近苦惱於寫不出《野草》其他篇什的闡釋文字了。其實我知道，他不是寫不出，而是他在為無法在近期內超越他自己所達到的精神高度而苦惱。這我理解，對於一個魯迅所謂的「精神界戰士」，他面對的對手，很多情況下只是他自己。他並不為除此以外的任何東西寫作。

但我顯然對范美忠有著更多的期待，比如，我希望看到他闡釋《吶喊》和《彷徨》的文章。我還想說一句，我的朋友范美忠，就是一個在自己的精神之旅中跋涉而不停步的范美忠，就是那個過客說的：然而我不能！我只得走。我還是走好罷……這種跋涉本身，就是力量。

2006年1月7日

2、一個人在途中
——記我的朋友郭初陽

　　我在別的文章中，慣性般的，會不斷提到郭初陽這個人，好像他是我的影子或者我是他的影子，或者我們互相成為對方的影子。可是我起意要寫一篇以他為主題的文章，卻費了很大的思忖，以至遲遲不能動筆。

　　我甚至認為寫不了他，因為我們兩個太熟悉了，熟悉到如果我是左手，他就是右手，我是中指，他就是食指。我無法將他陌生化、對象化、戲劇化，他就是我的日常生活，就是我的衣食住行、柴米油鹽。是的，他就是我的鹽。

一、我們就是這樣長大的

　　恐怕你更願意看到這樣場面，郭初陽、婁雨奇、周霖超和我，四個人，在1990年代初某幾個深夜的文二路上，喝得醉醺醺，然後將手中的啤酒瓶拋向空中，聽它在路面炸響。昏黃的街燈光將我們幾個的身影拉長又變短。

　　或者這個場面更富有戲劇性。同樣是我們4個喝得醉醺醺的人，在熄燈之後唱著唐朝或者崔健，衝向雜草叢生的足球場，然後整齊的排好隊伍，在鏽跡斑斑的裁判架下面響亮的小

便。月光黯淡，我們得意忘形，根本沒注意到裁判架的高處還有一對浪漫的情侶。

頹廢啊，頹廢就是當初的印記。我們沒有將來，將來是多麼不可把握；我們逃離了過去，高考是一個分水嶺，更是一隻篩檢程序，過濾了我們蒙昧的歲月。我們就這樣奇蹟般的被命運嶄新的攪和到了一起，相見恨晚，一見如故，似乎這時候才是我們生命的初創時期，我們是上輩子註定的狐朋狗友。

印象同樣深刻的是馬列主義概論的課堂，剛剛生產回來的馬列小太太站在我們4個人的前面，生氣的檢查我們之所以不聽她的課的原因。郭初陽手裏捏的是一本現代派小說，周霖超手裏是一本足球雜誌，我在讀中國古代文學作品選。「那麼，你們的專業課肯定不錯嘍。」馬列小太太輕蔑的說。「一般，一般，不客氣，不客氣。」我們謙卑的說。

我已經記不得究竟是哪一個學期，什麼時候開始的。頹廢和叛逆是一對孿生兄弟，它在我們身上的表現各不相同而又有跡可尋。

郭初陽和我總是坐在教室的最後一排，聽著無聊的社會主義現實主義呵欠連天。長得文化特務的當代文學老師喋喋不休的講著賀敬之的政治抒情詩，我記得這一首似乎是歌頌粉碎四人幫的，不過他的當代總是跟我們的當代差了20年。長得像列寧的美學老師擅長將簡單的講成複雜的，我記得大一的時候文學概論也是他講的，唬得我以為進了中文系就是開始研究天下最深奧的學問。

很長一段時間裏，我們隨波逐流，我們用腳後跟思考，聽任自己腦後的反骨決定我們的行為。我們面對現狀的態度有2個，第一個是不合作，第二個是嘲諷。其實這只是一個態

度，我們跟1968年的法國大學生一樣不滿現狀而不知道究竟想要什麼。很久以後我們才開始萌生對生活的理性。這並不遲。

相對而言郭初陽的理性一直是我們幾個中最健全的，他輕易不蹺課，能在乏味的課堂上專心讀有趣的書，我更願意坐在大教室低年級小妹妹的後面，講不三不四的笑話逗她們開心。

這一切對於我們有著同樣的意義，啤酒、搖滾、女孩、書籍。我們從這些人與事之中生長。人不輕狂枉少年，而輕狂只能是少年的特徵。法國總理克雷孟梭說：「一個人三十歲以前不信仰左翼思潮，他的心靈有病，一個人如果三十歲以後繼續信仰左翼思潮，他的頭腦有病。」

因之我感激郭初陽在文一路邊上黨校宿舍那個小小的房間，和他善良寬容的母親。這是一間自己的看得見風景的屋子，我們從這裏開始萌生對於生活和生命的思考。陪伴的是音樂，達明一派，郭初陽的最愛。因為郭初陽，達明一派成為我們大家的達明一派。我們聽崔健、唐朝，從中感受到詩歌的力量。我們有書籍，從文學到思想，從這裏出發，抵達郭初陽所謂的「湖邊的三聯書店」，以及三聯的書庫，發現巨大的寶藏。

我同樣記不得了，我們怎麼會突然喜歡讀書思考的。可能這根本便不是一件突發事件，只是埋藏在我們深處而一時沒有暴露。因為跟頹廢和輕狂共生的是迷茫，迷茫帶來的是對生命本真的思考，我們畢竟不是如凱魯雅克般垮掉的一代，我們渴望具體的把握我們自己的生活。在那時，這種思考即便僅僅是一粒微小的苗頭，但意義無比顯著。多年以後我讀到康得關於啟蒙的描述「有勇氣在任何事物面前運用你的理性」時，我發覺我們在起點上無比接近。

因而這些共同成長的朋友們叫我感恩，我們頹廢徬徨醉生夢死，我們情同手足血濃於水。這種情感旁人無法替代，因為它生長在我們生命最深處最本質的地方，是我們的精神和情感的出發點，是我們幼稚的思考的創生期。儘管我們現在有各種不同的生活和思考路徑，但我們來自同一個地方。我想到這一點，心中滿懷平靜與感激。哦，饑渴慕義的人有福了，因為他們必得飽足。

二、天問

郭初陽的大頭皮鞋在丈量從文一路到文二路距離的那4年，我猜不到他究竟想到了些什麼，決定了些什麼。在路上，確乎是一個隱喻。接下去，道路從文一路通向翠苑新村；再接下去，道路通向小和山；再接下去，通往大學講壇；肯定還將通向更多未知的路程。他腦門寬闊，閃閃發光，說實話我不能說那裏面就是智慧。倒是他常常開心一笑露出一粒尖利的小虎牙，確透露著某種天真與狡黠。就像動畫片裏兇猛而善良的一隻野獸的銳利長牙，一線閃光自上而下，於是發出「叮」的一聲清音。

現在我們有著清醒的自我認識，郭初陽經常說，在智力方面，我們只有中人之資。這決定了我們只能做我們能做的事情。這不是廢話，而是建立在「認識你自己」的永恆教誨之上。所幸有一點，我們有對知識的真誠好奇，對未知事物的虔誠敬畏。這兩者始終引領著我們，就像自由女神，就像塞壬的歌聲，我們逐漸在物質化的平面之中、在文藝這迷人的天籟中

尋得了方向。對於自身而言，生活不就是這麼一種體驗麼，這就是生長嗎？

郭初陽的閱讀和思考一開始就跟我有著較為明顯的區別。或許這根本就是氣質上的差異。他是一個理性主義者，一個唯美主義者，一個神祕主義者。這幾個互相矛盾的東西奇妙而和諧的聚合在他身上。比如他喜歡三島由紀夫，對日本文學的美有著直覺的喜愛。他又是我們之中最早洞悉反烏托邦小說《1984》和《動物莊園》隱喻的人，當我還在糾纏於小說敘事技巧的時候，他首先有了對社會政治敞亮般的洞察。他是一個儒雅的人，熱愛生活；一個追求完美的人，精彩的炫技者；一個文質彬彬然後君子的有節制的人，論語曰：「子溫而厲，威而不猛，恭而安。」

我一直羨慕他那種泰山崩於前而不變色的氣度，他料理自己的心靈，處理內心與現實的衝突治大國若烹小鮮。我學不來，我對自己的生活一直缺少一個明顯的規則。顛來倒去，晃晃悠悠；深一腳淺一腳，高不成低不就。而在隨之而來的很長一段時間裏，跌入頹廢的低谷。那一個春天，我讀完蘇曼殊，在紹興校園的桃花樹下，給郭初陽寄了一張卡片，寫道：「忽聞鄰女桃夭歌，南國詩人今若何？蔡二浪跡山陰又一年矣。」至今我仍記得寫下這幾句話時候的放誕自任和憂傷低回。那是1998年吧，網路還沒有深入介入我們的生活，我蝸居紹興，就像離開了一個場，獨自品嚐著理想主義的潰敗。陸游詩歌多像一句讖語：此身行作稽山土！我就要這樣把自己掩埋起來。

多年以後我才會明白這並不是理想主義，這其實只是對現實不現實的空想，是大學雲上的日子的殘留。於是全面潰敗。

　　書信是我們那時候交流的主要工具。與我的哀怨自傷不同，郭初陽的片言隻語似乎總能給我溫暖和力量。那是我跟精神世界的唯一通道。

　　一次，他寫到：豈有文章驚海內，料無富貴逼人來。這是對自己的清醒認識，我們或許只能成為自己。又一次，他引沈從文墓誌銘：一個戰士不是戰死沙場，就應該回到故鄉。這一次他遠遊到了鳳凰。還有一次，他引的是陸游的詩句：此身合是詩人未？細雨騎驢入劍門。這時他在四川，尋找唐詩的蹤跡。我知道這是對我的一種呼喚，那時候我將自己深深埋藏在物質生活裏不願抬頭，實在也是無力自拔。我深切知道他引用這句詩歌的意思，因為這句詩我曾經引用來給他，那是1995年暑假，我孤身一人在四川遊蕩，從成都給他寄過一張卡片，引用的便是這兩句。那時候，我天真的不知天高地厚，此身，怎麼就不可以是一個詩人？

　　從杭州到紹興，區區50公里。我有許許多多的機會前往，就像他也曾不止一次來到紹興，在我破敗的宿舍裏持蟹螯、炒南瓜。只不過杭州這座城市對我有著特殊的意味，那是青春夢想，是少年輕狂，是難以釋懷的最為美好的記憶。那時候，甚至我每一次離開杭州孤身回紹，都不由得悲從中來。因之我那麼深愛我們自己的詩人李馳東的那首〈南山路〉，因為這就是我自己的抒寫和歌唱，如此直接的抵達我，就像一顆流彈擊中胸膛：

　　　　每次進入這座城市
　　　　灑滿肉體花瓣的城市，
　　　　我都在躲開你。

有時一種近乎羞怯的愛如此表達。

你和我青春的所有夢想有關。

在記憶中逐漸報廢的它們，

甚至能在一個大雨之夜把你漂起來。

我不止一次感到混亂青春的秩序，

就像我已經踏上通向黑夜的漫長旅程。

躲開你，

也許是一顆星。你孤寂的存在

使你傾向於呼吸和打開，

接納那些被露水打濕前額的人。

我已毋須任何光輝，因為你就是光輝。

三、排名不分前後左右忠奸

今年3月崔衛平老師來浙江，我得了一天教誨，晚上檢點影響我最大，最讓我尊敬的幾位女學者，分別是蕭雪慧、崔衛平、艾曉明、何清漣、龍應台……

在自己博客上敲完這些字，順便看郭初陽的博客，不由啞然失笑。他寫的，竟然跟我一模一樣：「很奇怪，中國我最尊敬的學者，大多是女性：龍應台、蕭雪慧、艾曉明、崔衛平，還有現在不知下落的何清漣。」（郭初陽2006年3月24日博客〈讓看不見的看見，讓聽不見的聽見〉）

這種重合不是偶然，而是，我們有著相同的來路。其實只要檢查我們的書架就知道了，我們吃的基本上是同一個牌子

的奶粉。怪不得有學者戲稱，書架是一個人的隱私，不能給人家看到。

不過說起書架上的書，在我們這批年齡相仿的朋友中，郭初陽最叫人羨慕。他的大頭皮鞋在丈量文一和文二路距離的時候，順便開始掃蕩舊書攤了。有幾年，文一路的舊書攤非常發達，常可以找到叫人眼紅的書籍。余生也晚，待到我們開始獲得啟蒙，就更晚了，我們錯過了80年代初思想最為活躍的時期。那一段時間出版的書籍，我們多隻聞其名不見其書。比如著名的「網格本」和「版畫本」。我們獲得啟蒙以後，便常在圖書館搜尋這些書看，但在我的書架上，一本也沒有。郭初陽的書架叫人羨慕，這是其中之一，他在最左上角的一格裏，整整齊齊碼著許多，儘管不齊，對我們這些愛書人而言，已經是了不起的了。所以我的羨慕就不僅僅限於他的書架，還有文一路的舊書攤。

我每次去杭州，會在他書架前站很久，怎麼我的藏書不算太少，可是他總會有很多我想找到而不曾見過的書呢？范美忠更誇張，他來紹興，問我找書，多是我沒有的。他便說，算了，去杭州問郭初陽要，他肯定有。有些書，因為出版時我們還沒長大，後來就找不到了，比如劉小楓的《詩化哲學》，我唯讀過電子版，郭初陽有。崔衛平早年寫的書，《看不見的聲音》，我都沒聽說過，他有，還找崔老師簽了名。

我有時候戲稱郭初陽甚至是一個版本學家。他追求完美的性格在買書這件事上表現得吹毛求疵，因為他對書的版本非常挑剔，接下去挑剔書的封面，接下去是譯筆。他曾經大言不慚的說，他愛一個城市的程度，跟這個城市的書店質量和數量成正比。因此他熱愛北京天安門，就不是因為天安門上太陽

升，而是因為那裏有風入松、國林風、萬聖書園、商務印書館、三聯書店……

愛書店，也愛出版社。大學時代，我們最喜歡的是三聯書店、商務印書館、中華書局、或許還有上海古籍出版社。接著，遼寧教育出版社出版新世紀萬有文庫的時候，我們迷狂的愛上了遼教。現在，我們除了繼續愛三聯之外，還愛廣西師大出版社、愛新星出版社。我知道郭初陽也會愛華東師大出版社，因為他的第一本書，即將由華東師大出版社出版。

除了上述幾位可敬的當代女學者，還有很多人是必須提到的，當我們站在現在的思想水平上，我以感恩的心態提及他們。

李澤厚是我們最初的指路者。他的《美的歷程》、《華夏美學》、《美學四講》，打開了我們的中文系的視野。我們得以從文學的狹小窗口，窺見思想的門徑。李澤厚「革命壓倒啟蒙」、「實用理性」等言說，一定程度上成為我們理解時代和歷史的精神密碼。1996年，大學畢業前夕，安徽文藝出版社出版了4卷本《李澤厚十年集》，郭初陽重金買了一套送我，在卷首，他化用顧貞觀詞句，寫了幾句話：四年來，深恩負盡，死生師友。我現在還記得拿到書看到這幾句話時的莫名感動。現在想來，當時的情景依然歷歷在目。後來我通過郭初陽拿到了更多的好書，但這套書是我的珍愛。十年了，我一直將之作為經典秘藏。這裏面有一個人最私祕、最重要的青春記憶。

劉小楓也有著重要影響。《拯救與逍遙》對我們的意義，絲毫不亞於李澤厚的著作。他的緒論〈詩人自殺的意義〉，一起手便引用卡繆的話：真正的哲學問題只有一個，

那便是自殺。叫我目瞪口呆，從而一個嶄新的世界向我們開啟。因為這種對劉小楓的感情，2004年劉小楓在浙大作連續一周的哲學講演時，郭初陽每次必到。我因為在紹興，不方便來去，遂成為一個巨大的遺憾。2001年7月，《拯救與逍遙》由上海三聯書店再版了，白色的封面，還精細的包著塑膠紙。一天，我從傳達室拿到一個郭初陽寄來的包裹，打開看時，正是這本新版的《拯救與逍遙》，驚喜之情，難以言表。

海外的漢學家和華人學者對我們也有著深刻的影響。余英時是最有代表性的一個。有一次我翻閱當年的一本讀書筆記，赫然寫著這樣的話：「余英時令我耳目大開。」我們的閱讀從純粹的文學走向思想歷史，余英時起到了重要的作用。那一陣子，只要是余英時的著作，我們每本必買。現在回想起來，影響最大的是他的《士與中國文化》，他那種開闊的視野，能夠將西方和中國古典參照研究的能力，叫人嘆服。因為我們這些70年代人，對於傳統而言，我們來得太遲了，從小接受的是一種割斷文化脈絡、割斷歷史的教育；我們進入大學的90年代初期，又正是思想界最為死氣沉沉的年代。我們既沒有文化傳統，又沒有眺望世界的眼光，我們似乎是被誤生的一代，尷尬的落在歷史的這個座標點上。

因之，我們感激這些可以遠遠眺望的人，余英時、黃仁宇、殷海光、費正清、孔飛力、湯因比、哈耶克……儘管我們受制於自身的局限，這些局限是加諸我們精神上的一個硬殼，但畢竟我們有一種超越的衝動和渴望。我相信郭初陽跟我一樣，當夜深人靜，獨自置身於這些人類最傑出的大腦所構成的書籍的叢林時，一定會聽到內心深處一種聲音的呼喚。這是

一個微弱而強大的聲音，跟我們的生命節律如此和諧，伴隨著我們的呼吸、我們的心臟跳動。

四、十個救火少年

1997年語文大討論開始的時候，我們處在風暴之外。或者說這時候我們身為語文教師但跟語文教學距離遙遠，我們還在處理個人跟這個世界的關係，自顧不暇。不過，今天我們卻得以站在這個大討論的肩膀之上，並且，我們有勇氣，在這個討論止步的地方，重新啟程。這不是大話，郭初陽在語文課堂上的探索與成就，便是一個明證。

說實話，我們不愛教育。對我而言，很長一段時間以來，覺得當中學教師，就從此進入了一種卑微的人生。我以自己必須扮演的身份為恥。因為，我們知道，在很長一段時間裏，中學教師跟無知、淺薄、酸腐等詞語是近義詞。我也不相信郭初陽會比我更愛多少。他本有志於學術，曾經努力背誦英語單詞企圖考研，毫不誇張，從事學術研究是他心裏很長一段時間的夢想。張橫渠謂「為天地立心，為生民立命，為往聖繼絕學，為萬世開太平」麼，多麼動人心魄，多麼任重道遠啊！不過，現在，也包括我，明白到了，口號、理想，是要建立在具體事情之上的。我們知道，做力所能及的事才是最要緊的。大概是2003年的春天，郭初陽跟我在浙大玉泉的校園裏，他跟我說起名實之辯，對真理的追求，對自身有限性的超越，屬於本質的一環。就像《教師之友》雜誌被改組的那陣子，他說到：「沉著是最好的態度，因為教師之友先前的一切

努力，正是在教會大家如何擺脫童稚狀態。我並不擔心，因為鬆散的只是外表，我們的內心一同緊緊收斂。一切都會繼續下去。」

但是羞恥感一直潛藏在我們內心深處，這恰成為我們思考和行動的原動力之一。深圳的嚴凌君憑個人之力編了一套《青春讀書課》，他的意圖是尋找語文教學的尊嚴。這也是我們所想的。我們還想，面對關鍵性的基礎教育，面對基礎教育的貧乏，應該做一點力所能及的事情。又或許，這也是為了免除心中時時來襲的虛無感。

郭初陽站立在語文課堂。

很難想像郭初陽的課堂是怎麼樣到達現在這個境地的。十年磨一劍，或者學海無涯苦作舟之類的話並不足以說明郭初陽的努力。這是一種創造性的勞動，他比我們一群朋友中的任何一個都費了更大的心力，也比我們任何一個人走得更遠，到達更高。他念茲在茲，顛沛必於是，造次必於是。多數時候是這樣：為了闡釋一句話，就跳進書海，多方搜求，仔細考證，只為了給學生一個多元的闡釋空間，呈現創造的多種可能。從這一點說，他是這樣一個有心人，既擁有廣闊的學術視野，從而超越現實的功利計較，又擁有做具體事情的耐力，從而一直立足課堂，知行合一。大學畢業十年了，淪為中學教師十年了，他獨自承受著這之中絞盡腦汁險覓窮搜的勞累，也享受創造帶給他的巨大歡欣。我還認為，學生在這樣一個教師的指引下獲得啟蒙，心靈被照亮的那種感受，與教師因為學生的進步而獲得的成就感，都是獨一無二的，是其他任何事業無法替代的。

我用三個字來評價郭初陽的語文課堂：「革命性」。一次，我跟妻子開玩笑說，郭初陽的課堂，全國第一。那時候他還沒有獲得全國賽課的一等獎中的第一名。其實他獲不獲這個獎意義不大，我個人以為，參加這種勞什子破比賽幹嗎呢？2004年暑假，郭初陽忙於準備參加語文報杯的課堂比賽，詩人劉翔問郭初陽，最近忙什麼，郭初陽如實以答。劉翔笑道，你以為有些事情很重要，其實一點也不重要。這句話是站在高處說的，劉翔根本不在這個圈子裏，所以很輕鬆。只是我們在這個圈子內部，儘管淡然，有時候仍不得不去面對他們。故而我一方面覺得郭初陽沒必要參加這種破比賽，一方面，我也認同，郭初陽應該參加，在這裏發出他自己的聲音。正如郭初陽說的：我們的聲音大了，他們的聲音相對就小了。

　　我當然知道這種說法是不負責任的，是不嚴謹的，似乎帶上了友情的有色眼鏡。但我是認真的，我用了似乎天下最好的詞語來讚美郭初陽的課堂，絕不僅僅因為我們是左手和右手，而是因為，他在很大程度上，找回了語文的尊嚴，找回了語文課堂的尊嚴。他賦予了語文課堂以學術的深度、理性的光照、自由的啟蒙，從而極大的提升了語文課堂的文化品格。

　　這就是郭初陽課堂的革命性，他在為語文課堂重新立法。不是確立了另一個評價的維度，或者提供另一種課堂的可能，而是為語文課堂重新確立法則，建立一個新的標準。所謂革命，就在這裏。

　　提升了語文課堂的文化品格，其實還不準確，因為之前的語文課堂，是不具備文化品格的。長久以來，語文課堂呈現這樣一種面目：淺薄、低級、板滯、濫情，沒文化，思想含量則幾近為無。沒有辦法，我只能用這個過於刺激的詞語：弱智

化。從來如此,近年尤甚,語文課堂跟思想無關,跟學術界的最新研究成果無關,跟人的生命感悟無關。說到基礎知識,便字詞句,說到文言文便詞類活用,課文割成豆腐塊,作文寫成樣板戲。官方倒是在提倡教改,那就改成「腦筋急轉彎」;語文要有審美性,那就朗讀一下,最好再來點眼淚……我不想深究造成這種狀況的原因,只是直覺到,在這樣的歷史和現實之下,郭初陽語文課堂的出現,是一個異數。

也許有人會認為太誇張了。沒有聽過郭初陽的課,或者沒有看過實錄的人,怕是不信,到底語文課堂可能達到怎樣的層次呢?而聽過郭初陽的課或者看過實錄的人,又會產生另一個疑問,這難道還是語文課嗎?語文課怎麼竟會是這樣的?當然也會有人感歎——歎為觀止。我就屬於歎為觀止之一類。剛不久前,讀完《套中人》課堂實錄,我給郭初陽的一個詞語是:盪氣迴腸。

沒有聽過郭初陽課的朋友,最好的方法便是聽一聽郭初陽的課。對於郭初陽課堂持懷疑態度的朋友,我想說的是,語文課堂曳尾於低級、無趣、濫情、弱智的泥潭裏太久了,久到我們竟這樣以為這才是語文課堂。儘管,在這樣的課堂中,仍舊可以有所謂的教學藝術。但想一想派克・帕爾默在《教學勇氣》中那句話吧:「好的教學不能降低到技術層面,真正好的教學來自於教師的自身認同與自身完整。」我們就需要這樣一種教學勇氣,來突破課堂的限度,突破我們自身的限度,從而向自身完整無限的靠近。

我在想,為什麼是郭初陽,而不是別人,能賦予語文課堂以高度的文化品格。郭初陽自己曾引過一段話,可以作為注腳:「作為詩人,是一位精緻的炫技者。他把自己塑造成一位

理想中的詩人，清高、瀟灑，對世界冷眼旁觀、對生活保持距離。這些，全都是通過一首首具體的詩作表現出來的。」（黃燦然〈王寅的裂變〉2006年《讀書》第6期）郭初陽對於課堂的追求，正如王寅之對於詩歌的追求。黃燦然的這些評論，在一個似乎完全不相干的領域，對應著郭初陽課堂美學的一些觀念。

　　不過，這還遠遠不夠，這頂多說明了郭初陽作為唯美主義者的一個側面。我更看重的是他下意識裏的自我定位，他有一種超越的努力，作為中學教師，更高的鵠的在於成為一名「知識份子」。這是如福柯說的那種「知識份子」，是作為時代的良知和眼睛的那種「知識份子」。福柯說：「知識份子的工作不是要改變他人的政治意願，而是要通過自己專業領域的分析，一直不停地對設定為不言自明的公理提出疑問，動搖人們的心理習慣、他們的行為方式和思維方式，拆解熟悉的和被認可的事物，重新審理規則和制度，在此基礎上重新問題化（以此來實現他的知識份子使命），並參與政治意願的形成（完成他作為一個公民的角色）。」或者這麼說，知識份子必須是他所在的社會之批評者，也是現有價值的反對者。批評他所在的社會而且反對現有的價值，乃是蘇格拉底式的任務。這樣，有人理解郭初陽的課堂在於顛覆，我倒要說，他的所指在於重建。

　　大學畢業前夕，一個夜晚，郭初陽、周霖超、婁雨奇、我，在長滿雜草的足球場上往復來回，因一個精神團體被分開的憂傷，以及不能把握未來的空虛，在抽緊我們的心靈。我們反復的唱崔健的歌曲：「你問我要去向何方，我指著大海的方向；你問我要去向何方，我指著大海的方向……」而大海的方

向究竟在哪裏？於是我們又唱：「我要從南走到北，我還要從白走到黑……」

　　十年啦，這種深刻的迷茫從來沒有離開過我們。今天，即便手中握緊了某一件似乎具體實在的物事，比如郭初陽的課堂，比如我之在乎閱讀，那種在無所依恃之中的虛無和自救的努力，會突然之間尖銳突起。凱魯雅克說：我還年輕，我渴望上路。好在即便一個人在途中，我們依然可以仰起頭來，眺望星空。

2006年5月

3、何謂沉默，如何言說，能否抵抗？

——有關郭初陽《言說抵抗沉默》

一、何謂沉默？

　　現在追溯「沉默」這個詞語的來源，恐怕不能不提到王小波，他有一篇名文——〈沉默的大多數〉。我不知道郭初陽這個書名是否借鑒了這個意思，在我這裏，沉默，是從王小波那裏來的。我也這樣來解讀郭初陽這個書名。

　　王小波說：沉默是一種人類學意義上的文化，一種生活方式。它的價值觀很簡單：開口是銀，沉默是金。一種文化之內，往往有一種交流資訊的獨特方式，甚至是特有的語言，有一些獨有的資訊，文化可以傳播，等等。這才能叫作文化。……於是在某些年代裏，所有的人都不說話了，沉默就像野火一樣四下漫延著。

　　所以沉默其實很簡單，就是不說話，不發表意見。

　　但我們還要注意到另一種情況，不是每個人都不說話。就像王小波說的：相對於一部分人的沉默，在某些公共場合，任何年代都有人在公共場合喋喋不休。

喋喋不休很可以理解，如福科先生所言，話語即權力。我們平時說話語權，就是這個意思。

我們生而成為當下這個時代的教師。這個時代的教壇，跟王小波的分析一點也不差：一部分人沉默著，一部分人喋喋不休。人們把沉默的大多數，叫做普通教師，而喋喋不休的，叫做名師。所以，我有時候把教育圈看成是一個江湖。

為什麼會沉默？有幾個原因。

第一個，他們不愛在公眾場合說話。王小波說的：在公眾場合什麼都不說，到了私下裏則妙語連珠，換言之，對信得過的人什麼都說，對信不過的人什麼都不說。起初我以為這是因為經歷了嚴酷的時期（文革），後來才發現，這是中國人的通病。為什麼是通病？我解釋一句，是長時間的東方專制，造成的民族性格。王小波認為龍應台說「中國人你為什麼不生氣」是因為龍應台在西方待久了，成了心直口快的外國人。這一點我不認同王小波。我想，這種沉默，也是我們應該反抗的。

第二個，從傳播學角度講，他們沒有權力，不能將聲音放大，於是大家看不到，看似也沉默著。

第三個，我想，就是沒有話語的能力。最要緊的就是第三個，為什麼我們有些人喪失了話語的能力。喪失話語的能力，有原因，要說話，必須有看法，沒有看法，說什麼呢？沒有看法而喋喋不休，那是話癆。

那麼看法哪裏來？看法當然要從對事物的分析與理解中來。對某件具體的事情，我們必須看到其整體面貌，看到其真相，我把這種對事物的分析與理解的能力，透過紛紜的現象，把握真實與本質的能力，叫做洞察力。洞察力就是思想的

能力，沒有思想的光照，世界就浸沒在幽暗當中。神說，要有光，於是就有了光。我將這個「神」，理解為人類的理性。

這樣，如果不能把握時代的真相，我們以為自己生活在真實美好的物質世界中，其實我們是《楚門的世界》中那個楚門，開始，楚門並不知道自己是一件道具。因為他沒有看到真相，而看到真相，是需要洞察力的。所以，我覺得，沒有話語的能力，歸根到底就是思想的缺乏。

沒有誰願意自己沒有思想。但問題是，真的有很多老師，沒有思想。我絕不是怪這些語文老師，民可使由之，不可使知之啊。作為眾多語文教師中的一員，我飽受沒有思想之苦，我們每個人看上去都有善良的面孔，也曾經滿懷同情——這很叫人悲傷——善良而無知。

這反映在教育現狀上，就是一個先有雞還是先有蛋的問題，是沒有思想的教育培養了沒有思想的教師？還是沒有思想的教師，造成了沒有思想的教育？所以楊支柱很牛，他看到了這個問題，編了一本書，專門批判當前的教育的，叫做《先有雞？先有蛋？》。

我們目前面對的現狀，是一個悖論。

作為中學教師中的一員，我們很長時間，就是沉默的大多數中的一員。也即是說，我們這些普通的、一線的中學教師，我們面對這個基礎教育的時候，失語了。崔健說：我想唱一首歌原諒這一切，可是我的喉嚨卻發出了奇怪的聲音。——這就是沉默！

作為中學教師，我們的沉默不僅表現在面對一些公共的事件上，還在於我們對自己從事的工作。以上若算大而言之，那麼小而言之，比如，語文教師，我們被規定，要用這樣

的課本去上課，要按照教學大綱，或云課程標準去上課，有權威的課本注釋，有次權威的教參。於是，我們只需要按照這個步驟，按部就班的做下去就行了，不需要對從來如此的事情發生疑問。即是說，我們對所要教授的知識，沒有懷疑，沒有深思，不置一詞，全盤接受——我的理解，這何嘗不是一種沉默。

這種沉默造成了大多數教師的身份和功能，他是一個主流觀念的輸送者，而不是一個有創見的思想者。他是一個用十八般兵器循循善誘將既有觀念以各種方式加以灌輸的技術主義者，而非一個在動態交流中生成隨機意義的結構主義大師。——我有時候想，為什麼教師在同一個知識層級的人群中，他的地位會比較低。恐怕也跟我們這個職業只需要愚拙的勤勉，不需要靈性的創造有關。

維特根斯坦說，對於不可言說的，我們要保持沉默。這說的很對，宇宙間有很多我們認知能力所不能理解的東西，那不如閉嘴，保持敬畏。

但我以為，對於某些可以言說的，我們未必一定要保持沉默。就如狄馬在最近一期《書屋》上的文章所說，在某種情況下，過度的寬容是一種懦弱。我也想說，對於可以言說的事物，那種沉默的態度，不一定是建設性的。王怡曾說，知而不言是一種罪。這句話比較極端，我不認同。但退一步就比較可以接受，知而不言，不是一種建設性的態度。

余杰有本書，叫做《說，還是不說》。余杰看來選擇了說，對於我們長久的沉默，有人選擇用言說來打破，這很有意思。說了比較爽，而憋在心裏比較難受。

另外，我在上半年寫過文章，已經暫時解決了這個問題，我認為思前想後，考慮鐵屋子的比喻，沒有多大意義，重要在於做起來。選擇了說，就儘量有話好好說。

二、如何言說

言說，大致就是表達自己的所思所想吧，在公眾場合，對公共事件，對所謂的規則，既有的「經典解讀」等等。

說與不說，是一個態度和立場問題，而說什麼、如何說，是一個思想能力的問題。

我在〈一個人在途中〉一文中，說了一句：郭初陽站立在課堂上。但是我不想談論郭初陽的課堂，因為我真的不懂課堂，既然有人比我說得更好，我何不閉嘴。小狐有一篇文章，叫做〈郭初陽的反骨〉，其中指出郭初陽的課「反催眠」，「反割裂」，「反儒化」，比如有「煽情催眠」和「狂歡催眠」，看法很明白到位，語言也非常好，怎麼說呢，用一個濫俗的詞語，叫做「質感」。這才是「質感」這個詞語應該被用來形容的文字。我第一次讀到，很驚豔，覺得小狐是郭初陽的知音。

郭初陽站立在課堂上，我為什麼要這麼說，其實是想強調一個意思，就是，郭初陽的言說方式，有別於別人，他用一種對語文課堂的重建的方式，來言說。或者用我另一個文章的標題，叫做，郭初陽在為語文課堂重新立法。或者就叫革命性，他賦予了語文課堂以文化的品格。

　　言說有多種方式。就以我們這個教師群體為例，比如有所謂「作家型語文老師」，他們選擇用寫作來言說——不過這樣的作家型語文教師我見到的不多，南京有一個吳非，還是不錯的。紹興有個王學進，是我的大朋友，每天寫時評，傳播常識，自承為「日拱一卒」，也不錯的。這是一種言說方式，他們文章發在紙媒上，能產生公共影響，這種言說是有意義的。

　　比如，有的人屬於述而不作的。我還有一個大朋友，叫沈春松，他就自命為孔夫子，述而不作。他在我們組織的讀書會啊，在酒席上啊，在課堂上啊，在同事之間啊，喜歡談論，喜歡辯論。比如「9·11」事件，跟人家辯得口乾舌燥。但是他寫的文章不多。但這何嘗不是一種言說方式，他會為了自己的見解，跟人家吵得面紅耳赤。

　　都是有意義的。哈威爾說，說出真實總是有意義的。傅國湧補充說，哪怕你只能說出60%的真實。

　　但郭初陽不一樣，他的言說方式，是一種實踐的方式。很多人理解「言說抵抗沉默」這個詞語，就理解為，教師嘛，總要說話的，課堂上不說話哪行？是為「言說」。

　　不是的，他的實踐性在於，首先，他用他的語文課堂，向原有的語文課堂方式說了一聲「不」。從這個角度講，很多人說郭初陽「叛逆」，說他「顛覆」，甚至反動，呵呵，也有些道理。不過，他背叛的，是一個呆板的、僵死的、充滿各種禁忌，時刻準備施行懲訓與規範的，不以人為本的一種課堂傳統。我原來說，傳統的語文課堂，在郭初陽之前，是不具備文化品格的，接近於一種低級的體力勞動，現在有了郭初陽，就可以談論文化品格這個詞語了。我覺得這麼說，對傳統的語文課堂，還是比較客氣的。

其次，那些說郭初陽叛逆和顛覆的朋友，其實沒有看到，郭初陽的意義更重要的是在重建。他的課堂實踐，指向性非常明確，對過去說不，而又用自己的課堂實錄，告訴我們，瞧，語文課可以這麼有趣。這個我不必談了，相信自有公論。

最為一個擁有獨立精神、自由思想的教師，他對所謂的「權威」從來都抱著深刻的懷疑。《愚公移山》、《珍珠鳥》等，他條分縷析，找到問題的核心，並說真相。這就是一種啟蒙和自我啟蒙，金針度人，首先需要自己得度茫茫黑夜吧。很早的時候，大概在1998年左右，他就開始質疑，為什麼要有教參呢？接著，他質疑，為什麼要官方制定教科書。所以你看，他要在課堂中，在日常的教學活動中，引進那麼多真正的，滋養我們心靈，培育我們理性的篇目。這種懷疑精神，乃是一個知識份子應該具有的精神。

我理解的言說，在課堂這個範疇內而言，大致就是這樣。至於教學本身該有的東西，郭初陽的課堂一點都不缺。所以我又說，他賦於了語文課堂以學術的深度、理性的光照、自由的啟蒙，和民主的生活方式。

說到底，其實真的很簡單，原來的課堂讓我們這些教師感到羞恥而已。就像深圳的嚴凌君，他用一人之力，編成了煌煌巨著《青春讀書課》，他就是要找回語文教師的尊嚴。

後來，讀書讀多了，也許有一天，就明白了我們生活在怎樣一個當下，明白了我們原來屬於知識份子的行列。於是就感受到，一個知識份子，應該怎樣。

關於知識份子，還需要多說幾句，這裏說的是葛蘭西、賽義德、福柯、殷海光所謂的知識份子。一隻牛虻，讓牛不舒服。蘇格拉底以來的偉大傳統。

再後來，我覺得說自己是知識份子，頭太大，太拿自己當盤菜了。也許我們有成為知識份子的努力，但也別真自以為是的有一種知識的倨傲啊。有一次在吃飯的時候，有人說起郭初陽現在是教育界的名流，郭一口否認，說自己是草根。草根這個詞非常好，我理解為郭對他自己的定位——我不想樹立雕像！那麼，這個身份是什麼呢？我說，我們僅僅想成為一個公民，公民有責任。作為教師也一樣，教師首先也是一個公民吧。

三、能否抵抗

既然說抵抗，那就是一個現在進行時——我們正在通過言說，希圖抵抗無處不在的沉默。究竟如何呢？不知道。也許有一天，我們終於獲得了自由的教育，也許有一天，我們都在沉默中消亡。不過，事情沒有這麼兩分法一般清楚，因為歷史的進步是漸進式，我們每個人都不用妄自菲薄，星星的光芒，可以與太陽媲美。

羅素那句話，總是長久的盤旋在我內心：對愛情的渴望，對知識的追求，對人類苦難不可遏制的同情，是支配我一生的單純而強烈的三種感情。……這就是我的一生，我發現人是值得活的。如果有誰再給我一次生活的機會，我將欣然接受這難得的賜予。

4、徐州

——三天四夜

夜裏，我聽見遠處天鵝飛越橋樑的聲音
我身體裏的河水
呼應著他們

——海子

一、夜行列車

　　4月11日傍晚，我在徐州火車站廣場跟梁衛星兄和蘇祖祥兄握手告別，一個人上路。進站前回望了一眼，蘇兄和梁兄還在廣場裏向我揮手，剎那間心底有種荒涼湧起。

　　這種荒涼總是在我離開那些人們時無緣無故產生。那是去年春天吧，在杭州，周日的傍晚，我跟周仁愛、郭初陽、宛凌還有范美忠從杭大路的三聯書店出來，說好分手了，我走向公交車站，要回紹興，回頭看看他們，心裏就莫名其妙的傷感起來，甚至有種強烈的回頭的衝動，我不想回家。我覺得我就是《生命中不能承受之輕》中那個特麗莎，渴望升騰，對日常生活甘之如飴而又抱著一種近似本能的拒斥。幾年之前，我覺得我與這個世界格格不入，它們外在於我是異己的力量。現在似乎好多了，但我不知道我有多少勇氣面對一個人被淹沒在物

質生活中處境。我的軟弱總是促使我尋找外部的力量，彷彿在尋找救贖。這樣的時候我意識到自己的軟弱是多麼突出，多麼尖銳。一個人上路，在路上。

在車廂裏無法入睡。斷斷續續跟衛星和茅衛東發短消息。離開他們的感覺，像離開親人。列車穿行在蘇北平原上，夜幕籠罩，車廂裏熄燈了，幽暗中人們進入無邊的夢境。我站在兩節車廂的接軌處，努力張望窗外黝黑的世界，內心憂傷。

二、我是來見網友的

在飯桌上說要寫一篇文章叫做〈情況正在起變化〉時，我滿以為我能寫出一個調侃的帖子。像王小波那樣，正經得一塌糊塗，又滿不在乎的一塌糊塗。這也是我的兩極，我在滿不在乎與一本正經之間往復擺動。現在夜深了，我的筆記本嘎嘎作響，回憶徐州的幾天，恍然若夢。

8號傍晚上車，一路無眠，和茅衛東談了一火車，太陽出來時已經到徐州地面。幹幹和范美忠在車站門口迎接。幹幹仍是老樣子，精神抖擻，我認為他有詩人的氣質。美忠穿起了西裝，這是從來沒有見過的，叫我吃了一驚，我說你小子穿西裝了。美忠說：是不是人模狗樣啊。暴笑。我問美忠的第一個問題是：梁衛星和蘇祖祥來了嗎。在飯店登記時我看到梁兄和蘇兄住在2422，我和茅兄在2426，上樓經過他們房間門口，有心叫他們一聲，又怕冒昧，心裏頗有幾分激動。

洗了把臉，就到衛星和祖祥的房間，聽范美忠介紹。第一感覺是他們兩個都很和善，衛星甚至略有些羞澀，老蘇更為從容一些。一見如故這個詞語是合適的，我覺得彼此之間沒有任何隔閡，按照周仁愛兄的說法，大概是他們身上有一種親和力吧，拉近彼此的距離。這種感覺同樣可以用在魏勇和泥土老師的身上，我們是在早餐廳見的面，雖然魏勇的面貌跟我平時想像並不一致。我本以為魏勇應該長得更為秀氣一些，應該有些像我的同學郭初陽之類的儒雅。事實是，他很粗獷，帶有些四川特有的江湖俠氣。錯誤的想像來自他的文章，他說理時銳利得像手術刀，而他談讀書、談女人的文章，又是個雅士。

這種從未晤面而乍見之下就親密無間的感覺令人奇怪，但這又是自然而然的。當天晚上，我就和范美忠蘇祖祥梁衛星魏勇坐到了一起，散亂的倚在床上椅子上，開始聊，海闊天空，詩歌、思想，魯迅、王朔、王小波，還有女人和網路。直到深夜3點多。美忠和劉支書助理的話多一些，老蘇大多數時候只是靜靜的聽，偶爾插幾句，直指要害。衛星是個真誠而易於激動的人，他看上去謙虛而平和，但我卻感覺到他的內部有烈焰在燃燒，巨大的熱量在他周身遊走，經常無法找到一個出口，於是短短的幾句話都會成為他的噴火口，像爆炸。我注意到，說到某一些話題，他整個人都在顫抖。這種顫抖也叫我顫抖。

王雷來遲了，我們已經坐到了會場。魏勇和美忠去迎接他。我朝他看，他在明處，我在暗處。這種感覺也很好，像捉迷藏。王雷方正的國字臉，很年輕、很沉靜，很難想像「高考——弱智化」、「中國沒有教育」這樣毅然決然的，憑著良知與思想的文字出自他的手裏。

三、上帝為什麼造四川

老蘇評價劉支書助理：「NBA！」，翻成現代漢語叫做「牛逼啊」。我的評價是另兩個字：可愛。從個性上說，美忠和衛星更接近一些，他們身上都有著強烈的焦灼感，他們共同喜歡的俄羅斯作家就是陀斯妥耶夫斯基。而我跟魏勇更接近一些，起碼我們都喜歡王小波。魏勇的NBA和泥土老師反樸歸真的從容叫我有這樣的感歎：上帝為什麼造四川！

這個感歎還來自范美忠、李玉龍、朱雪林等幾位的身上。我在別處沒有見過這麼有激情的，幾乎可以不睡覺的人。就我個人而言，這次徐州之行，我就是為了看看這些人，看到了，這就是我最大的收穫。

當然，四川還有蕭雪慧、廖亦武、冉雲飛、王怡、雷立剛……我沒有見過他們，但是我愛讀他們的文字，蕭雪慧老師是近年來最影響的我的學者之一，我看到蕭雪慧老師的文章就高興。我倒是覺得冉雲飛跟劉支書助理有些相像，身上有些剽悍之氣。冉雲飛的文字總是如岷江大河，有奔騰千里之勢。我真不知道為什麼會這樣，這樣的四川。

四、為了告別的聚會

10號晚上，我們一桌坐了15個人。喝酒，高興。我其實沒有多喝，臉倒是很紅了。大家朗誦詩歌、唱歌，矛頭經常指

向范美忠，叫老范朗誦詩歌。我熱愛聽老范朗誦，他朗誦里爾克的〈豹〉，一邊朗誦，一邊闡釋，他手指曲張，成腳爪狀，眼睛放光，就彷彿強韌的腳步邁著柔軟的步容，到結束的那一剎，一切化為烏有。而葉芝的〈基督重臨〉，似乎有巨大的旋風，從我們頭頂掠過，或者是黑雲壓城的感覺，叫我聯想起《大師與瑪格麗特》中相似的描寫。但不知怎麼，總是我跳出來得多，像是人來瘋。要麼模仿老范朗誦詩歌，要麼就是拿起酒瓶當話筒唱歌。我想我真是瘋了，我不停的唱唐朝、崔建，和老蘇一起，唱崔建《假行僧》、《花房姑娘》。老蘇說崔建是中國搖滾第一人，老蘇說崔建是當代一流詩人，北京大學那幾個教授這次算是沒有看走眼。

滄海月明的「小媳婦」唱得真是動聽，魏勇甚至開始伴舞。

五、我哭了

泥土老師一直在旁邊坐著，微笑不語。我們請他表演一個節目，泥土老師說，就唱一個小時候母親教的歌吧，《夜半歌聲》的插曲。

這是怎麼樣的一首歌啊，這是怎麼樣的聲音啊！那彷彿是從大地深處湧出的聲音，嘶啞、蒼涼，辛酸、疼痛，訴說著所有的痛苦與哀傷，背負著生命的全部重量，是長江上縴夫弓背彎腰的呻吟，是被圍獵負傷的野獸低低的吼叫，是深深嚐盡人世間一切苦難後的呼告，還有盼望，還有達觀……我感到我內心深處某一個地方被擊中了，在這樣一首歌面前，鮑家街43

號的迷茫與無助，唐朝的絕望的理想主義，統統顯得蒼白無力。我坐在老蘇後面，不說話。

這時彤鈴的歌聲響起來，空曠遼遠，纖塵不染，是遼闊的草原，是連綿起伏的無邊群山，是高原上湛藍湛藍的天穹……

重與輕，苦難與飛升，擊中內心最為柔軟的地方。我哭了。

2004年4月

5、我的朋友周仁愛

與周兄相交，垂十年矣。

安靜的時候，我經常會想起杭州文二路上那個7字型的宿舍樓，一幢三層的蘇式建築。雨季，狹長的樓道陰暗潮濕，似乎一切都在發霉，長出了纖細的白毛。大學宿舍的這種感覺，使我永遠記住了加西亞‧馬奎斯在《一個沒有人給他寫信的上校》裏的句子：「他的胃裏似乎長出了有毒的蘑菇。」這就是周兄和我，還有郭初陽兄成長的那個糟糕的大學。

另一位周姓的同學愛開玩笑，曾戲稱周兄的長相是「獅鼻闊口」，就像他形容另一位顴骨凸出的同學是「頭角崢嶸」，引人發笑。但時間過去了10年，我心裏留下最深的印象，卻是周兄挾著幾本書，從樓道那一側，踏歌而來的模樣。不必閉眼細思，那神情宛在身前。那往往是晚上10點多，快熄燈的時候，也正是宿舍裏最熱鬧的時候。周兄在教室裏自修結束，心情充實舒暢，歌聲便嘹亮動人。——那是多麼單純，多麼美好的年代，我們只要覺得今天讀書有所收穫，心情便無比舒暢。2001年我看到劉志釗的小說《物質生活》，禁不住要淚流滿面，這種單純的理想主義，已經一去不復回啦！

與周兄深交，其實要到大四以及畢業以後，他的良知、耿直的性格與古道熱腸，才漸次在我心裏形成一個完整的形象。因為良知與耿直，他在單位總是很不如意，他能夠全身心的投入自己的工作，他卻永不會歪曲自己的人格去逢迎領

導。很多時候我對這個時代有一種近乎絕望的情緒，我不知道周兄的付出到底能夠換回什麼，或者改變什麼。我的慚愧在於，當周兄在獨執偏見，一意孤行的時候，我卻選擇了頹廢。

在這個時代，耿直與古道熱腸的人註定要多受一些苦難。而另一句古話，「人生識字憂患始」，似乎也一語成讖，良知是痛苦的源泉。也許就是這個原因吧，很長一段時間裏，張煒是周兄的熱愛。周兄對魯迅的熱愛，也未嘗沒有自己生活與精神歷程的投影。有一年春節，我給周兄寄了一張卡片，上書：牢騷太盛防腸斷，風物常宜放眼量。我企圖以自己淺薄的油滑來勸導周兄，我以為首先我們要保護自己，但是我發現，這種所謂的保護，恰恰是一種獨立人格的自我矮化，是對曾經堅持的理想的疏離。這幾年由於網路，我們的交流溝通比以往任何時候都要多。那天在杭州楓林晚書店二樓的書吧裏，周兄、范美忠、郭初陽，我，談得很痛快，我想起《論語》裏的一句：造次必於是，顛沛必於是。我們願意做一個安安靜靜的讀書人。

去年年底，周兄新婚，我在加班，不能趕過去喝他一杯喜酒，十分遺憾，本來想在閒閒書話開個帖子祝他新婚快樂，但覺得太招搖，也許周兄喜歡低調。今天（7月28日）是周兄生日，我卻因為個人事多，加上父親身體欠佳，覺得分身乏術，只好草草寫下一些話，來祝福他。大學畢業時，郭初陽兄送我一套《李澤厚十年集》，在封二上寫了這麼一句：四年來，深恩負盡，死生師友。這個話我一輩子都會記得。今天，我就用顧貞觀的原句贈給周兄：十年來，深恩負盡，死生師友！

2003年7月

6、我的學生王路雯

　　當語文老師，叫學生寫記人的文章時，肯定少不了學生寫〈我的老師×××〉這類的題目。不過，老師寫學生的，倒不會很多。

　　也有學生寫過我，內容一般都說老師不錯，我們喜歡之類的。印象最深的一次是師範臨近畢業時，去一個初中實習，班裏的一個小女孩。她長得跟我妹妹很像，就略略有些偏愛。她寫過一篇文章，叫〈我們的實習語文老師〉，寫的很活潑，我就叫她在全班同學面前朗讀。裏面描繪了一個細節，說上課了，我邁著輕快的步伐走向教室，然後輕快的跳上講台。她朗讀到這裏，全班同學哄堂大笑，說老師怎麼敏捷的像猴子！

　　今年7月，我又有一屆學生畢業了，大多考上了自己想去的大學，心裏很替他們高興，但是也頗有幾分失落。雖說學校總是鐵打的營盤流水的兵，學生走了，我的生活還得繼續。但是相處了三年，看著他們從半大小孩慢慢長成青年，慢慢的從不懂文學到喜愛文學（至少知道文學也是有趣的），漸漸的知道對事物要有自己獨立的看法，知道成為知識者要有一定的社會關懷，一條成長的道路清晰的呈現在我的面前，於是，心裏的感覺就不可能單純是為他們考上自己喜歡的大學而高興而已。

前幾天，他們一群男生每天傍晚都來跟我踢足球，還有幾個學生，叫我給他們開一個讀書的書單，我就感覺到，這麼幾年了，跟這一屆學生的感情最好。也就是說，教了這麼幾年書，在引導他們走怎樣一條路上，這一屆學生我是有一個清晰的思路的。當然，接下去如何發展，就不是我能夠預料到的了。對中學生而言，有一個啟蒙老師是很重要的。就像我自己，如果，高中時有個好一點的啟蒙老師，也許開悟還要早一點。現在他們都四散到全國各地，有嶄新的生活，我希望他們過得快樂，寫這麼一篇文章，意思是我很喜歡他們，也作為自己虛度時光又三年的一個紀念。

我這一屆有近120個學生，為什麼單單選擇王路雯呢？當然是因為喜歡她。不過這不是說我偏心，我們這裏有句話「三歲看到老」，她身上有很多品質，我一直都在注意。事實上我也喜歡別人，但是很多學生我看最多只能成為一個善良的市民，也就不覺得有什麼可寫的。王路雯不一樣，她有自己的審美觀、自己的主見，而且一直堅持，從來不會人云亦云。說實話，我教書並不十分認真，但是對學生還是一視同仁的，尤其是教了幾年書之後，更加深刻認識到這個道理，每一個學生，都有自己的個性，是活潑潑的個體，都很有趣，值得關注。一般老師總是喜歡讀書成績好的學生，我毫不臉紅的說，我不這麼想，成績好其實並不代表什麼，有兩個喜歡玩遊戲，經常從學校或者家裏溜到網吧去所謂「玩物喪志」的學生，我覺得他們很可愛，因為他們聰明、有正義感。相反，那些積極參與政治活動的，善於投學校老師所好的，我倒抱有幾分戒心。而且我們現在這個死板的教育體制，跟現時代學生銳利的個性是不合適的，叛逆也就多起來了。學生在變化，教育

體制卻滯後，這是矛盾的根源。當然，教育體制滯後也仍不是最終的根源，討論起來就是很大的題目了。

我教了王路雯三年語文，後兩年她是我的課代表。她現在考到北京去了，似乎是中國農業大學。高考剛結束的時候，大家填志願，據說她要報中國農業大學的畜牧專業，我聽他們班主任告訴我，很吃了一驚。因為一般同學總是選擇那些比較熱門的專業，電子、商貿之類的，出來工作比較好找，也不會去邊遠地區，可是這個畜牧專業，就不好說了。後來碰見她，我就跟她說，不要太天真，生活是實實在在的，你的成績上了重點線，就不要填這樣的志願，對一輩子也許都有影響的。但是小姑娘很固執，還是填報了中國農業大學。還好錄取她的系是生命工程，我總算放了一點心。但是想起來我很有些慚愧，覺得自己已經變得很市儈了。

我在高考前曾經問過這些學生，有沒有誰要讀中文系、或者哲學系的。引來一陣嗤笑，還有人作暈倒狀，我也笑了。笨的人是我自己，因為喜歡語文，就報考了中文系，還是師範學院，誰知道，中文系跟文學根本就是不沾邊。剛前幾天看摩羅的《因幸福而哭泣》，裏面一篇文章就叫〈中文系離文學多遠〉，說的跟我想的幾乎一模一樣。

王路雯填這個農業大學的志願，我還是能夠理解的。因為她雖然是個小姑娘，但是很有自己的思想，而且固執。有一件小事，很有趣。高一時，她當班級的生活委員，管理班委費。班主任叫人用班委費去買5把掃帚，結果那人買了6把，到王路雯這裏報銷時，王路雯硬是只給她報銷5把掃帚的錢，說這是老師說的，於是，多出來的一把，只好該生自己掏腰

包。堅持原則至此！這件事我是王路雯畢業以後才聽說的，仔細想想，也只有她會這樣。

語文的課代表其實沒多少活，所以講到接觸，也並不比別人多。老師和學生溝通的方式主要依靠隨筆，一般就是一週一次，裏面的內容五花八門，可以是散文，可以是評論，就自己感興趣的問題談一談。高興的時候，我也會寫很長一串評語，一起討論一些問題，有時跟喜歡古典文學的同學講詩詞，有時會告訴他們海子是怎麼回事。除了上課的45分鐘師生交流之外，我覺得，當語文老師的最大樂趣就是看學生的隨筆。

我怎麼開始注意她的呢，就是通過這樣每週一次的隨筆。她的文章很有特色，是一種樸素的美，就像她這個人，也是很樸素的，我的印象裏，她總是穿藍色的衣服，頂多有些細碎的花，紮辮子，有時是一根，有時是兩根。她到我這裏來拿本子，就輕輕的走到我旁邊，叫一聲老師，然後，把很厚的一疊本子抱起來，走。寫隨筆的本子都是很厚的硬面筆記本，一個班60個同學，她抱起來有些費力，我叫她找兩個男生幫忙，她就說沒事，拿得動。她似乎不願自己是那種弱不禁風的小姐模樣。其實有一個小男生很想幫她，因為同時可以多接近我，小男生經常寫詩，雖然寫的不很棒，但是我感覺他真的喜歡詩歌。有一次我在他的隨筆下面抄了一首〈海子小夜曲〉，告訴他這才是真正打動靈魂的情詩。不知道他以後會不會再有這樣的愛好。

她的文章也一樣，比如她喜歡用一種顏色來形容她筆下小姑娘的的衣服，月白色。我總是把她筆下的小姑娘等同於她自己。如果寫散文，她的筆端就十分清新，似乎就是春天的田

野，江南，河流緩緩流淌，萬物滋長。樹枝樹葉都有好看的姿態，並且散發著好聞的清香。我很後悔沒有把她的文章留下來，因為這實在是跟別的同學不一樣的，是自然從心底發生的一種美好情緒。我現在相信氣質是天生的，有的人天生就是寫作的料，她不用怎麼雕琢自己的語言，流淌出來就是很好的文字。而有的人，儘管說自己愛好寫作，可是無論怎麼訓練，總是充滿匠氣。匠氣還好，最受不了的是矯情，刻意營造，著力渲染，結果令人反胃。中學生的文章，矯情的很多，「為賦新詞強說愁」麼！

王路雯的思想表現在她對陀斯妥耶夫斯基的研究上。高二的時候吧，她一連寫了好幾篇文章，跟我討論陀斯妥耶夫斯基。然而我很慚愧，因為陀氏的書我僅僅只是看過而已，談不上什麼深入的瞭解，所以就不能給以怎樣的幫助。喜歡一個作家也是跟自身的氣質相關的，我感覺王路雯就跟俄羅斯的作家有些接近，當然深度還遠遠達不到，畢竟，她才17、8歲呀。我於是有幾次上課，講到了帕斯捷爾納克、阿赫瑪托娃、葉賽甯、布羅茨基，希望能夠對她有一點引導作用。但是她是理科生，作業實在太多了，我不知道她會不會有印象。

她有一次生氣了，也是一次隨筆。已經高三了，她對某個問題發表了一些看法，角度很獨特，不過我不是很贊同。於是寫了一句評語「大放厥詞，別開生面」。我其實是表揚她有自己的看法，結果可能她誤解「大放厥詞」這個詞語，認為我的批評很嚴重，於是在第二次隨筆裏又跟我辯論。其實這是趙翼評價蘇軾的一句話，我搬來，對她的評價可是很高呀！

2002年9月

7、我所認識的「現行反革命」

　　我剛畢業教書的時候，經常在學校裏聽人講一個故事。大約在57年反右的時候，上面規定每個單位必需有幾個右派，這個右派呢，是有指標的，跟現在生孩子一樣。不過，最初的領導表達了這麼一個意思：只給你這麼一個右派的稱號，不影響其他工資待遇什麼的。學校裏做廣大教工的工作，總算有了幾個右派。但還缺一個，怎麼辦？某次全校教工大會，校長發揚民主，叫大家提名推選。於是，大家都不說話，耗著。時間漸漸過去，某年輕教師憋不住，去尿了個尿，回來，發現，他被選為右派了。

　　我一直以為這個故事講的是我校一位退休教師。他在我開始工作的時候就已經退休了，現在該有70多歲了吧。該老者慈眉善目，酷似彌勒佛，笑起來眼睛也找不到了，和善的很。他大概年老無事，不必為兒孫操勞，有事沒事總喜歡往學校跑，聚在教師中間講故事。當然，主要是臧否人物，算是窮開心吧。有一次他嘲笑英語教師水平低，說80年代有一次美國友人訪問我校，其中有個男的想噓噓，但是他說了一句美國土話，既不是wc這個詞，也不是Toilet這個詞。他只是問，這個什麼什麼，在哪裏。全校英語教師沒有一個聽懂的，茫然無措。後來，憋急了，美國朋友手捏褲襠嗷嗷直叫，大夥才恍然大悟——原來是要噓噓啊！

他現在沒事就喜歡在街上閒逛，找錯別字。尤其喜歡找《紹興晚報》的錯誤，找到了就去跟晚報理論，然而大家都不理他，當他吃飽了撐的。他不屈不撓，繼續打電話，一而再，再而三。有一次他來我們辦公室打電話，因為晚報接電話那人已經一聽到聲音就知道是他了，也沒好氣，出語不遜，就吵起來。老人家滿臉漲紅，在我辦公室對著電話聽筒咆哮。

因為我是語文老師，他有時候也來問我一些稀奇古怪的問題。這樣，我們就熟悉起來。

後來我就知道了，他原來不是右派，而是現行反革命。因此，他即便後來出獄，也不能教語數外等主課，叫他教地理。也不給評職稱，他中學中級職稱退休。

事情是這樣的，大概是1976年的樣子，不知道那時候毛還在不在，有一天，他突然發現，《東方紅》和《國際歌》有矛盾。《東方紅》說：他是人民的大救星。《國際歌》說：從來沒有救世主。

說實在的，這個發現也沒什麼特別偉大的地方，很多人都發現了的。不過，大家都是聰明人，憋在肚子裏面不說出來。因為在嚴苛的時代，說出來的人，很多都被槍斃了。只有這位老兄，天真的可以，他把這個當作天大的發現，四處宣揚，悄悄的：朋友，《東方紅》和《國際歌》有矛盾的呢。聽到的人都嚇壞了，這個這個⋯⋯

後來，革委會就把他抓起來了，勞教。受了不少苦，按下不表，還連累他的孩子。因為老爹是反革命，兒子當然是狗崽子，無產階級要踩上一隻腳，叫他永世不得翻身的。這句話不是比喻，而是寫實。有個教工，本來是文印室刻鋼板的，因為出身好，便成了「革命戰士」，有一次，不知是何原

因，真的用皮鞋踩他的小兒子，踩到小孩肚子裏的食物吐出來為止。

當時去抓他那個人，現在也還健在，大家相安無事，「反革命」也不記仇。只是這位無產階級的所作所為，倒令老人家耿耿於懷。

我問：那麼，現在總平反了吧？

老人說：沒有。

呵，為什麼呢？

反正沒人給我平反。

我猜，大概後來這個判他為反革命的部門沒有了吧。或者，老人自己不懂得世故，終於沒有脫帽，於是，他到現在還是個「現行反革命」，沒有得到改正。

為了證明他說的都是真的，有一次，他把判他為「現行反革命」的文件複印件給我拿來看。上面某某革委會的公章赫然在目。

我說，正本呢？

那是不能給人看的，我要藏起來。他說。

「反革命」多才多藝，會書法，會篆刻，還會作古體詩歌。他拿給我看他的獄中詩抄，已整理成冊，我摘錄幾則。

引子：

> 靜坐閒窗對短檠，曾收往事廣搜尋。
> 也題高山流水句，亦賦陽春白雪吟。
> 世上是非難入耳，人間名利不關心。
> 編成奇文三千卷，散與知音論古今。

這首詩歌是這本自編詩集的引子，這該是近期寫的，作者自號
「退思居士」。

> 步入鐵窗夜
> 風雲突變北風狂，雪如棒，風似；
> 寒夜鐵窗，朔氣透嚴裝。
> 風聲疑是人聲響，舉首望，白茫茫。
> 俠骨豪情如潮湧，火正旺，氣更壯。
> 放眼世界，正道是滄桑。
> 待到山花爛漫時，酒滿觴，聚一堂。

詞一首，調寄虞美人。

> 檢察交代何時了，批鬥知多少。
> 小樓密閉不通風，恰似雄鷹剪翮在籠中。
> 千錘百煉丹心在，有過不憚改；
> 只知革命不知愁，胸懷坦蕩無往不風流。

巡迴批鬥感。

> 經年不准下小樓，難得巡迴受批鬥。
> 雖是陽春三月天，毒雨腥風遍越州。

說實話，我對這些詩歌評價不是很高。最主要的一點是，老人
的話語方式，跟那個壓迫他的力量，是同構的。我讀過李銳的
詩句，「何日憲政大開張」或者「海內久經文字獄，人間本

好自由談」這樣的句子，完全跳出窠臼，鏗鏘有力，擲地有聲。經過煉獄之苦的老人，仍能作金石之聲，更重要的是，能在思想上突進，我是從心底裏敬佩的。

　　我認識的這位老人，很多人都當他是個笑料，但我知道他不是的。我記下他，不是因為他有轟轟烈烈的事蹟——他沒有。而是因為，他是一個曾經受難的人，但到現在還沒有一個部門來承擔這個責任。

【第三輯】黑暗時代的人們

8、孩子，你慢慢來

6月初，具體那一天不記得了，我和妻子坐在婦保院的沙發上，等待尿檢結果，心裏忐忑不安。雖然只要等幾分鐘的時間，這幾分鐘的時間，卻近乎靜止。

確切的說，心裏忐忑不安的是我。妻子的心情還是不錯，我能猜到，她肯定有幾分期待，她會有幸福感，也許還有那麼一點小小的焦慮，但她終歸是開心的，這是女人的天性。而我，卻六神無主，雖然表面上我很鎮定。

其實要一個小孩是我們已經決定了的。但真正這個事情來到我面前，我還是張惶。至遲到去年的10月1日，我還是堅持不要小孩。我是丁客家庭的支持者，理由很簡單，這麼一個顛倒的時代，帶一個小孩出來幹嗎呢？

我曾經面臨著很多不理解。我想現在依舊面臨著很多不理解。在我結婚前，單位的同事就曾充滿關懷的跟我說，你早一點好結婚了，生個孩子，日子就穩定。我反問她，為什麼要生小孩。她很奇怪，這有什麼為什麼呢？大家都這樣的，偏偏你不這樣？我說，難道人過一輩子，就只是為了繁殖下一代？

那時候我不想結婚，我害怕婚姻生活。結婚前，我對婚姻生活的所有想像都是單調蒼白的。日復一日的相似，柴米油鹽的瑣碎，恐怕會將一個人逼瘋。我希望日子能夠充滿一個又一個的驚喜，這才能使我保持對生活的激情。

結婚了，又有新的不理解。我不要小孩的說法，被認為是我不想負責。這是最常見的一種看法。但我認為這條理由是站不住的，王怡在〈丁克家庭和創世紀〉一文裏面講的很清楚，生一個小孩相當於便是創世紀，我們對於這個新生命而言，便是上帝，怎麼能夠在上帝鴻蒙未開之時，就指責他不負責任呢？既然小孩不曾降臨，就談不上責任這個概念。

而我，很害怕。我害怕這個孩子來到世間，但是他沒有快樂。我想到現在的中小學教育，便不寒而慄。那些兇神惡煞的教師，能夠把家長叫到辦公室一頓臭罵的教師，他們內心深處埋藏著虐待的快感。我們的孩子，將遭遇怎樣的未來呢。在這個強權的社會，孩子，就他是小王子的那朵玫瑰，他只有4根刺來保護自己，他怎麼能避開張牙舞爪的老虎呢？孩子，其實我心裏有那麼多柔情蜜意，但是我害怕你的到來。那麼，如果你不出生在這個顛倒的時代，也許是個不錯的選擇。

去年10·1長假，我家裏來了很多朋友，跟我年齡相仿和年長於我甚多的都有。他們有結婚了但還沒有孩子的，有的剛生了孩子在學習做奶爸的，也有孩子已經讀高中的。我們圍著茶几聊天，各種話題。後來，我們聊到了要不要孩子的問題。郭結婚好幾年了，不過他一直不要小孩，理由跟我比較接近。年長的沈先生說，你家裏那麼多藏書，難道不生一個小孩，要他來繼承你的藏書？他說，當然要有一個小孩，那麼你沒有完成的理想，可以叫你的孩子來繼續。阿龍剛做了父親，在一個月內，體重下降了10斤。阿龍不同意沈先生的說法，他說孩子是一個獨立的個體，他怎麼發展，要看他自己了。阿龍講述了自己的想法，他說，其實，我們給予他生

命，要他到這樣的世上來走一遭，便已經是意義了，至於這一生是幸福是痛苦，無論如何，都是他自己的生命的意義啊。

阿龍的這番話說得大家都信服。但是我決定要一個小孩，關鍵還在於另外一個想法。有一天，跟我妻子吵架之後，我突然想到，我是不是為自己考慮太多而為我的妻子考慮太少了？

結婚以後，妻子的心態發生了微妙的變化。結婚前，她並沒有考慮過要一個小孩和不要一個小孩的區別在哪裏。結婚後，也許是天生的母性萌發了，她有一陣子，是那麼的希望有一個小孩。尤其是當我忙於自己的事情，沉浸在自己的世界裏面的時候。的確，我過於沉浸在自己的世界裏了，我以為我在做的都是最有意義的，週末假期，我忙於出差奔波，平時在家，要麼是讀書寫字，要麼上網看碟，還要擠出時間來玩網路遊戲，這何嘗不是一種自私呢？我可以大言不慚的說我心裏面裝著國家民族的大命題，但是我為何就不關心我身邊的這個人，她跟我息息相關，我因為她而高興，也因為她而沮喪。

也就是說，關心這個世界，對於一個個人，應該從關心自己身邊的人開始的。母性，這是天性，如果因為我的擔憂和恐懼，而剝奪她做母親的權利，這同樣是一種不人道。

過了年，我終於漸漸的決定，要一個小孩了。但是理論上想了，情感上卻一時半會接受不了。那天，拿到懷孕的檢驗報告，我們離開婦保院，一路默默不語。妻子不說話，我也不說話。我們要完成這個心理上的角色變化。我們上車，我開車，仍是不說話，我表面上若無其事。我一直要到妻子3個多月，才漸漸體會到一個準父親的喜悅。我想，這也是天性，是潛藏在每個人的生命本源之處的。

　　現在妻子已經快7個月了，她的肚子比別人都要大，不知道的，都說，快要生了吧。有時候，我坐在妻子的旁邊，突然心裏一陣溫情湧起，多麼好，一個全新的生命正在孕育。我不知道這個孩子會是男孩還是女孩，我也不知道他是否會像家裏那張貼紙上的孩子那麼冰雪可愛，我只是單純的喜愛，無緣無故的喜愛。

　　這是多麼驚奇的一件事情，一個生命，他在母腹中，在一片溫暖的幽暗之中，逐漸成長。我喜歡將耳朵貼在妻子的肚子上，聽他裏面的響動，常是咕嚕咕嚕的聲音，幾乎每次都是這種聲音，但是我喜悅。這一個小人兒，他會是如同醫學書上的照片那樣，閉著眼睛，緊握著小拳頭嗎？他有意識嗎？知道我每天晚上在給他讀《小王子》、《夏綠蒂的網》嗎？我還給他唱歌，唱《在那遙遠的地方》，我現在才明白，這首歌其實時寫給自己的女兒的，那麼溫情纏綿，那麼的柔腸百結。是的，儘管他還沒有來到我的面前，但我明白了，我會為了他做任何我可以做的事情。這麼一個小小的生命，他就是我的生命，甚至遠遠超越我的生命。

　　回想這7個月，也並不全是一帆風順。起初，妻子隱隱有腹痛，查了網上的資料，我們擔心是宮外孕。於是2個月不到，便去做超音波檢查，萬幸，這個小生命穩穩的紮根在母親子宮裏，總算放下一樁心事。但這僅僅是開始。3個月的時候，妻子的孕期反應特別強烈，凡是書上寫到的，噁心、嘔吐、渾身乏力、無精打采，妻子全占了。早上起來刷牙，一陣噁心，胃裏沒有東西。她還是乾嘔，直到吐出青綠色的胃液。我沒有辦法，只好輕輕撫摸她的背。妻子聞不得油煙味，3個月時又特別挑食，於是我來下廚。問題是我對於廚房

並不精通，菜燒得不怎麼樣，妻子還是將就著吃。以前我們外面吃飯挺多，跟幾個朋友，也挺開心，現在只好不去了，因為妻子只愛吃家裏的東西。孕婦要少吃多餐，便要準備一些點心，超市買來的，妻子不愛吃，但除了麥糊燒，我別的基本上不會做。妻子餓了，我就做麥糊燒，直到有一天，妻子說，以後孩子生出來都要像麥糊燒了。我只有尷尬的笑。

如果都是這樣，倒還罷了，只不過妻子辛苦，我也辛苦。但是辛苦又算得了什麼呢？我想一個男人的成熟，必然要經過這一步，這樣才是真正的進入生活。有物質，也有精神。我在想，一個不做父親的人，怕是一輩子都不會有這樣的體會：他踏踏實實的過日子，感受到大地的重量，就像現在，妻子上樓的時候，走到4樓便氣喘吁吁，我讓她拉住我的衣服，有這股向下的，使我更貼近大地的力量，才催生了我更多的向上的力量。

最令人擔憂的事情，發生在3個多月的時候。婦保院的產前圍檢，驗血。查完的這天下午，醫院電話打給我的妻子，說她是高危產婦，血液篩查結果出來，孩子第21對染色體出錯的幾率，要比別人大傷好幾倍。那天下午，我還在開會，妻子電話打過來，說是醫院給她通知了，告訴了這個情況。也就是說，我們生先天愚型的孩子的幾率，比別人高很多。我一下子蒙了。妻子也蒙了，她從單位出來，一個人漫無目的在大街上逛，面如土色。我去接她，兩個人四目相對，都束手無策。我把車開到環城河邊，想下去坐一下，未料下起了大雨。我們坐在車裏，沒有話說。我只覺得自己的心在一個勁的往下掉，一個勁的往下掉。

為什麼啊，我幾乎要相信宿命了。好不容易我們打定主意要一個小孩，好不容易度過了最困難的開頭3個月，妻子身體情況好轉了，等待我們的卻是這個令人擔憂的消息。我跟妻子說，我不信這個小孩會不好，我想我們兩個都這麼熱愛生活，這怎麼可能呢？一定不會的。我在寬妻子的心，也在寬我自己的心。

醫院叫我們第二天再去檢查，醫生叫我們做羊水穿刺檢查。羊水穿刺，經過細胞培養，能夠檢查這個小孩染色體究竟是否正常。醫生也安慰我們，說是進行這個檢查的孕婦中，真的不好的，也不多，百分之二還不到。我們略微放了些心。本地的羊水穿刺要等時間，起碼得一個月之後，我們便去杭州。為了這件事，我跑杭州跑了4次，在省婦保院好不容易掛到專家門診的號，等了一個上午，但是約的手術時間，要在2周之後，而做了這個檢查，結果出來，還要再過3周。這5周，是我們覺得最漫長的一段時間。好在我們還能夠調整自己的心態。我一直跟妻子說，我們的孩子，不會有問題的，我也的確這樣相信，雖然這樣毫無科學根據。

4個月，我開始給孩子胎教。我想，他應該聽聽他父親的聲音。我最初讀的一段文字，是《聖經‧創世紀》，因為我覺得孕育一個新的生命，這便是創世紀，多麼奇妙，神說要有光，於是就有了光。事就這樣成了。我給孩子讀《詩經》，讀《我有一個夢想》，讀《小王子》；我給他唱歌，唱《童年》、《鄉愁四韻》、《紅蜻蜓》、《在那遙遠的地方》。一種溫暖的愛，一種憐惜，一種近似心痛一般的柔情，就這樣慢慢流淌過我的全身。那天，我拿到了省婦保院的羊水穿刺報告，孩子正常。那一天，我一個人去的杭州，拿到報告，自

己看不懂，就給醫生看。醫生的話簡直就是玉旨綸音。醫生說，這個報告結果說明是正常的，我幾乎覺得這是天底下最動聽的聲音了。這一個多月來的擔憂一掃而空，那種喜悅啊，我只想走在路上，放聲歌唱。

去超市，現在多了一個去處。妻子總喜歡在嬰兒用品的櫃檯前徘徊。奶瓶，已經買了2隻了，一隻是藍色的，一隻是粉紅色的。玩具已經買了一個了，是掛在床頭的有動聽音樂的一圈馬戲團紅鼻子小丑，上緊發條，他們就排隊在空中走過，一邊唱著歌。毛衫買了好幾件了，小小的，像是給洋娃娃穿的衣服，還有圍兜，一大一小。還有小襪子，這是嫂子給我們的。外祖母早就急了，她扯了許多布，還有棉絮，要做小棉襖，她怕買來的棉花不好。3歲的侄女也很關心，她摸著妻子的肚子說，小弟弟怎麼還不生出來啊！她很想當小姐姐。妻子把小房間的櫃子收拾了，騰出很大一格，要給孩子放東西。我的計畫更遠大一些，我在想，給他買的新電腦放在哪裏呢？我以後一定要跟他一起玩電腦遊戲。妻子總是笑我，奶瓶還沒有買，就買了吃飯的小碗了。你以為孩子是見風而長的孫悟空麼？

幾乎每天晚上，只要沒事，我就在妻子旁邊坐一會，讀一段書，唱幾句歌，讓孩子聽聽我的聲音，我也聽聽他的聲音。我想告訴他的是：你帶來了我的改變，你賦予了我的生命嶄新的意義。你的出現，才使我更深入的理解生活和生命的本質。我把這些話都藏著，孩子，我會慢慢跟你說。

2005年

9、未來的主人翁

就是這股生命的泉水，日夜流穿我的血管，也流穿過
世界，又應節地跳舞。

——泰戈爾

一、自由的崛起

菜蟲蟲兩歲半，脾氣已經很大了，淘氣、任性，不能忤
逆他的意志。我想，在我開始對菜蟲蟲進行教育之前，就已經
失敗了。

不過，我又在想，我所謂的教育，又何嘗意味著規矩、
聽話？我一直堅持的，不就是縱容嗎，不就是溺愛嗎？這麼
看，菜蟲蟲現在的大脾氣，還真就是我教育的結果！

我的溺愛似乎很出名，當然可能是自己宣傳的緣故。孩
子還沒出世的時候，我就宣稱，要進行「愛的教育」，甚至不
止是「愛的教育」，而是「溺愛的教育」。有同事跟我說，關
鍵時候，還是需要打打屁股的，否則小孩子無法無天，無所畏
懼。打屁股，這不是體罰嗎？體罰怎麼可以？我跟他們據理力
爭，孩子們什麼也不知道，為什麼要給予肉刑？應該以說理為
主，以德服人。

　　後來，菜蟲大約2周歲的時候，連續好幾個晚上，到半夜還不睡覺，終於有一天，我動手打了他屁股。當然，屬於高高的掄起來，輕輕的打下去那種。第二天蟲媽就把這件事散佈出去了，同事都不懷好意的來問我：小蔡，你打你兒子了，你也會打你兒子？第二天晚上去菜蟲舅舅家，蟲舅舅把我堵在門口2分鐘：哈，小蔡，你也打你兒子，你不是要「愛的教育」嗎？我尷尬的笑。

　　其實打了菜蟲之後，我自己的心情比任何一個人都沮喪，整個上午都沒辦法開心起來。因為我知道，菜蟲不睡覺，不是菜蟲的錯，只不過因為大人沒有調整好他的作息時間。而我之所以生氣打他屁股，是因為我累了，白天我上班，晚上還要受菜蟲不肯睡覺的折磨，於是暴躁易怒，遷怒於菜蟲。蟲媽對此很生氣，她一針見血的指出，你自己累了，別拿孩子撒氣。第二天我一個上午心情都很難受，因為我屬於知錯犯錯，明知故犯。我因為造成了菜蟲的不愉快而不愉快。本來，因為他快樂，我才快樂。本來，我只想給小孩子純粹的、唯有快樂的快樂。

　　中午回家吃飯，我向奶奶、蟲媽和菜蟲道歉，道歉之後心裏才好過一點。好在菜蟲是個寬宏大量的人，他似乎已經全部忘記了。

　　我打定主意要溺愛和縱容菜蟲蟲，因為他只能在我能全面掌控的幾年之中，接受我的溺愛與縱容。但是，將來，我無法預測他會有怎樣的遭遇。我知道，有很多我不能控制的、無法預料的力量會給以這個孩子傷害，就像時代與社會曾經傷害過我一樣。我很抱歉，我會痛苦。我只要一想到那些隱藏的刀組就會痛苦，比如，我們厭惡的考試；比如，專制國度裏陌

生人敵意的臉色；比如，我侄兒的數學老師抽打他手心的教鞭。我的痛苦就在於，我明明知道這一切都會發生，可是我提前就無能為力了。

然而，我之不忍心去忤逆他，根本原因在於這兩年半來，我親眼見證了菜蟲身上自由的崛起。一個小生命，從一團自足的肉球，成長為一個擁有自由意志的個體，我暗自為這個偉大的進程讚歎不已。

從菜蟲出生，混沌初開，他便不斷的依靠自己的生長，獲得自由度的拓展，從菜蟲身上，我看到自由的天性是多麼強大，自由是多麼叫人驚喜，面對這樣自由的生長，你有什麼資格或者權力，去扼制他呢？自由是靠他自己習得的，絕非是外界的賜予。這兩年半來，親眼看著這個小傢伙成長，心裏固然有一種溫暖潮濕的感動，但另外叫我驚異的，便是他對自己身體操控的自主欲求，一直不斷在加強。他從能夠翻身，到能獨自坐起，到能爬行，到直立行走，到滿地亂跑，似乎就是人類的進化史，是人類不斷克服外界以及自身加諸於他的不自由狀態的過程。現在，他的活動空間得到了極大的拓展，自主能力也不斷的加強。這於他自己，何嘗不意味著一個接一個的劃時代的進步。本來，他任人擺佈；現在，他會拉住我們的一根手指，帶我們去他想去的地方，而且非去不可；即便我們不去，他也會自己去，那些引起他天真的好奇的，他一定要看個究竟。

阿克頓勳爵有一句話：自由是古老的，而專制才是後起的。這句話真可以用以形容菜蟲的成長。出生的頭一個晚上，他便顯示出了強大的自由意志。那個晚上菜蟲被包在婦保院阿姨給他準備的襁褓之中，這個襁褓的布料我摸著就嫌粗

糙，於是一個晚上，菜蟲不斷的把小手從包裹裏伸出來。我怕他著涼，又送回去，不久他又伸出來，如是者三。我想，自由的天性是多麼強韌啊，我有一種溫暖的感動，於是不再伸出我專制的手。

之後，他漸漸的長大，他逐漸學會了控制自己的身體，開始會坐著了，於是他能像成人一樣正面看物體。接著，最大的突破在9個半月的時候，他學會爬行了。這對他而言，無疑是一個創舉，從此他能夠按照自己的意志，在家裏的每一個角落爬行。他就這樣舉步維艱的拓展自己的自由度。後來，就是13個月的時候，他終於甩開膀子走路，他邁向了每一個他感興趣的目標。那擺在他面前的路多麼寬廣！那個晚上我們為他歡呼，把他舉在頭上，上下多次。但這自由的生長也不是一帆風順的，比如，本來，他周歲的時候就會走幾步了，但由於一場延續多日的病毒性感冒，延緩了他直立行走的時間。但他終於邁開了第一步，我有時候想起來，真為人類的自由本能驕傲，篳路藍縷的進步，我見證了一個生命的自立。

隨著對自己身體操控能力的加強，他的思維能力也獲得了巨大的進步，說話的能力，表達的能力，思考問題的能力，都在不知不覺之中進步。他先是說一個一個的字眼，接著是一個詞語，接著是一整句話。尤其是他能夠自由行走之後，他的智力發育就似乎有了加速度。這使我確信人類學家一個說法，直立行走，使得人類獲得了更高的智慧，從而最終從動物種群中獨立出來。一個孩子的成長，便是一部人類進化史。

菜蟲蟲每天都會發明一些新東西，發明了各種各樣搗蛋的方式，做鬼臉，拿飯粒丟媽媽，在床上翻跟斗。不一而

足。你不知道這些想法、動作、表情,是怎樣進入到他腦袋中的。晚上菜蟲蟲睡著的時候,我瞧著他,就陷入神祕主義裏面,因為那是一個奧祕,你完全不清楚,他的大腦裏,在發生著怎樣的微小變化,而這些變化,也許決定了很多我們無法預測的東西。所以你只好讚歎造物的神奇,會開始相信,宇宙洪荒、天地玄黃之中,一定有一個超越我們認知限度的存在,那是一個意志,或者,就是一個word。這樣,你身為父親,難道你還有一種自負,認為這個孩子是你的所有物,而不是上帝的叫人敬畏的饋贈嗎?

二、規訓與懲罰

　　我打定主意要溺愛他、縱容他,然而我無一日不處在內心的困境之中。我希望培育他自由的意志,但是,這個社會,這個時代,已經有了足夠的寬容度了嗎?或者說,這個時代,是否已經有了足夠的開放,可以容忍一個人以他獨特的方式生活,甚至像一個異端?

　　我有深刻的瞭解,我們所在的國度,千年來已經形成一種文化,這種文化不鼓勵一個人形成他的自由意志,不鼓勵他堅持自己的見解。這種文化培養的正是一種自我壓縮的人格,凡事不敢為天下先,不敢讓自己太傑出,而所謂的教育的過程,便是消泯個性的過程。因為農業社會,有強大的專制政府,以及宗族勢力等等,它需要你消泯個性,才能成為這個群體的一份子,你只要做毫無個性的人就好了,你只要做永不生銹的螺絲釘就好了。

　　孫隆基在《中國文化的深層結構》一書中分析過中國式的專制主義，國家大於社會，社會大於個人。甚至有學者指出，中國的文化傳統中基本上沒有個人的存在。而在西方自由主義、個人主義的視野中，人的主要特色正是獨立於社會系統之外的那一部分，而社會是無權控制個人的私人狀態的。

　　我們還有那麼多的俗話，來表達明哲保身的學說，來表達「聖之時者也」的高超。槍打出頭鳥啦，識時務者為俊傑啦，無毒不丈夫啦⋯⋯功利的、油滑的，實用主義的，諸如此類的人生觀成為這個社會最主要的價值尺規。非但如此，人與人之間的極端不信任，乃至互相算計，陰謀詭計，使得我們的生存狀態如此之惡劣——人心隔肚皮，做事兩不知。這是一個正常的、正直的人應該生活其中的環境嗎？每次想到這裏我都不得不再次感歎魯迅觀察眼光的敏銳與犀利，他「洞燭幽微，剝皮見骨」。30多年來我一直生活在這樣的環境中，我從這些陰謀、算計、狠毒、冷漠當中苟延殘喘，我知道自己傷痕累累。我也知道另有一些人，他們身上尚存可貴的自由意志，即便遭陰謀密計壓抑至數千年，依然閃爍著星點光芒，只是，這星點光芒，究竟帶給你希望更多一些，還是痛苦更多一些？

　　我的困境就在於，我希望縱容菜蟲的自由意志，但社會能縱容嗎？因為，在中國式的「人」的概念中，賦予了社會與國家對他進行無窮的教育與塑造的權力。菜蟲在這個環境中，他究竟能在多大程度上保存自己的自由意志！即便他保存了自由意志，我如何確知這對他不是一個悲劇？我倒是希望菜蟲擁有正直善良的品質，但我生怕這種天真反而成為他受傷的根源。

成為父親之後，我心裏總想起蘇軾的一句詩歌，唯願吾兒愚且直，無災無難到公卿。你看，蘇軾為什麼希望自己的孩子不要太聰明？因為蘇軾就是一個冰雪聰明的人，太聰明了，不是天妒英才，而是這個不容許一個人超拔於世的社會嫉妒他。須知，在一個瘋人國裏，只有那個唯一清醒的人，才被認為是瘋子。蘇軾自己，不就一個勁的貶官貶官，最後客死他鄉。蘇軾這麼說，實在是一種隱約的疼痛，我現在做了父親，知道這種疼痛也就是我感同身受的那一種。

　　又則，不可避免的，必然要面對的是，我現在所說的菜蟲習得的自由，乃是他對自然加諸於其身上的束縛的不斷掙脫，並不是我們現在所謂的政治學意義上自由的概念。在現代社會，這個自由包括其私人生活領域的自由以及公共事務的自由。那麼，我將如何在保有其原有自由天性的基礎上，讓他能夠融入一種社會化的過程，而享有現代人的自由呢？現在，菜蟲多數時間在家裏，還沒有融入一個社會，於是他像荒島之上的魯濱孫，這個時候，所謂的自由，意味著你同自然、同自身的搏鬥中獲得的掌控程度。但是一旦菜蟲進入社會，自由便有了嶄新的含義，不再是那種惟我獨尊的自由意志了，而有了一個群己權界。換句話說，菜蟲這個時候便要轉變這個自由的意思，從而享有政治學意義上的自由。菜蟲必然要經歷這個社會化的過程。我的矛盾便在於，我如何使得這個必然要經歷的過程，在其轉換之中，不傷害他的自由天性。在我看來，這個天性，是大自然造物中最可寶貴的品質，這意味著你是否能忍受奴役，你是否將被奴役。我自然不想菜蟲將來有多大的出息，但我希望這個人成為挺直的一個人。可是，有沒有一個學校，是為了保全孩子這種天性而設立的？

　　兩周歲多一點的時候，我們曾希望菜蟲早點讀幼稚園。有一天我跟蟲媽一起去考察幼稚園，進了城東藝術幼稚園之後我馬上退出，心情很不好。因為兩個原因，第一，這裏的牆上掛著孩子們的書法作品，內容寫的是「祖國萬歲」；第二，每個教室前面，都粘貼著5個奧運福娃，寫著「北京歡迎你」，拼成奧運五環的樣子。我絕對不叫菜蟲讀這個幼稚園，2周歲，就要給我們的孩子洗腦嗎？

　　根據福柯的觀察，所有的學校均具有監獄的性質。福柯說：如果一種機構試圖通過施加於人們肉體的精確壓力來使他們變得馴順和有用，那麼這種機構的一般形式就體現了監獄制度，儘管法律還沒有把它規定為典型的刑罰。我很遺憾的發現，福柯的這一論斷無比恰當的適合我們當下的學校教育體系。

　　比如，我們當下學校教育環節中對紀律的重視。幼稚園，聽課時需要「小手放放好，小腳並併攏」；小學，需要出操、升旗、致敬，不斷重複單調的肢體動作；中學，還是出操、升旗、致敬，還有思想意識的灌輸。福柯說，紀律的歷史環境是，當時產生了一種支配人體的技術，其目標不是增加人體的技能，也不是強化對人體的征服，而是要建立一種關係，要通過這種機制本身來使人體在變得更加有用時也變得更順從，或者因更順從而變得更有用。……這樣，紀律就製造出馴服的、訓練有素的肉體，「馴順」的肉體。紀律既增強了人體的力量（從功利的經濟角度看），又減弱了這些力量（從服從的政治角度看）。

　　這樣，在當下的學校教育制度中，個體不被看做是那個事物的唯一尺度的個人，而是機器。紀律、規訓、操練，從而泯滅一個人的自由意志，從而取消一個人的價值本源。

菜蟲蟲，這個頑皮搗蛋的，這個睡著時說夢話背唐詩的，這個任性的，不能忤逆其意志的小孩，他是否不得不接受這些所謂的規訓與懲罰？

這是我的多重困境。早年我之頂客主義的主張，原因之一就在這裏。我一直有一種偏執的念頭，這個時代、這個國度，不適合發生創世紀的故事，你帶一個小孩來到這個世上，你又不能給與他唯有糖果組成的房屋。你提心吊膽自顧不暇，你想要縱容又不敢溺愛，你怔忪不定騎牆觀望……咕咚阿姨曾說：「如果你們肯一直不要長大，我願意用一生經營一個糖果店，用巧克力做牆、甜餅乾做瓦，只為你們的夢想開放。就算世界上最權威的牙醫和老師反對，也不理他們。」看到這句話我的感動就像全部身體化為了蜜汁。可是，總有一種隱隱的疼痛，來自深層的憂患，孩子，你面臨著怎樣的未來？

三、我所不能改變的

除了《耶魯育兒寶典》這樣的介紹日常生活知識的書之外，我讀過3本關於小孩教育的書，一本是華德福系列的《解放孩子的潛能》，另外兩本都是龍應台的，《孩子，你慢慢來》和《親愛的安德列》。

華德福的書還是屬於操作層面的，給了我很多教益。而龍應台的書，帶給我快樂與欣喜是如此之多，正如其帶給我的深刻的絕望。我讀到《孩子，你慢慢來》，是妻子懷孕之後。後來菜蟲出生，蟲媽說，你跟龍應台說的那個詩人挺像的，以前，是個堅決的頂客主義者，有了孩子之後，就從朋友

的約會的半途中回來，到家給孩子泡奶粉餵奶。蟲媽說，以前，你覺得跟人家討論小孩的事情，就是墮落，現在，人家要是不跟你討論小孩，你會主動提出來，看似無意其實有意，以博別人關注。

我希望成為兒童音樂家，成為兒童文學作家，只為給孩子一個潔白的童年。可是，還有這個可能嗎？

菜蟲蟲4個月，喜歡趴在我們肩頭聽歌。他最喜歡《小燕子》：「小燕子，穿花衣，年年春天來這裏。我問燕子你為啥來，燕子說，這裏的春天最美麗。」世界真美好，菜蟲蟲安靜的趴在肩頭，歌聲流轉。

《小燕子》是蟲媽的殺手鐧，即便在半夜，菜蟲蟲吵鬧，她這麼唱起來，奇蹟就誕生了，菜蟲蟲漸漸安靜了，世界安靜祥和。

菜蟲蟲喜歡的歌曲還有《讓我們蕩起雙槳》、《聽媽媽講那過去的事情》、《在那遙遠的地方》、《送別》等。

我只記得《小燕子》的第一段，翻來覆去的唱，美則美矣，有時也覺得單調。依稀記得還有下一段的，便上網去查。一看，心裏咯噔了一下，竟對《小燕子》產生了極大的反感。《小燕子》第二段是這樣的：

> 小燕子，告訴你
> 今年這裏更美麗
> 我們蓋起了大工廠
> 裝上了新機器
> 歡迎你
> 長期住在這裏

這哪裏是兒歌啊，是充滿了意識形態烙印的說教。再查，記起來了，這是1957年電影《護士日記》的插曲。講述一名護士下鄉，紮根農村的故事，基本上便是一個黨的政策的宣傳片。歌曲作者王雲階，是位大作曲家，怪不得如此優美動人，可是在這優美動人之下包裹著什麼呢？「大工廠」、「新機器」，展示的是社會主義建設的成就，三十年趕英超美，領袖大手指向的地方，新政權欣欣向榮。這就是統治的合法性吧，類似於今天一再被官方強調的GDP增長率。我有些後怕，這麼一首優美的歌曲裏面，竟有這樣深的叵測居心，我還拿它每天給孩子哼唱。

後來，菜蟲蟲到了要聽故事才能睡著的時候，蟲媽買了好幾張碟片，比如一張是童謠，一張是講故事的，有時候，就放給菜蟲蟲聽。菜蟲蟲最喜歡聽第一個故事——《小紅帽》，經常翻來覆去的聽。晚上睡覺前，媽媽問他，要聽什麼故事啊，他就說：小——紅——帽——

可是，我讀了《百變小紅帽——一則童話三百年的演變》（三聯書店2006年10月版），哦，原來，小紅帽是一個色情故事啊！後來，我就不太願意給他聽小紅帽了。因為我總是將童話中的情節，聯繫到書中的解讀。

接下去的故事是《白雪公主》。聽得我毛骨悚然，陰謀、算計、刻薄、狠毒、嫉妒……幾乎所有的惡劣人性，都展現在這個童話中。難道我們要給孩子的，就是這樣一個可怕的世界嗎？怪不得龍應台在《孩子，你慢慢來》裏面說，她把這本書放在書架的最上層，千萬不要讓孩子看到。

再接下去，是《手捧空花盆的孩子》。一個國王，年紀大了，沒有後代，他要在全國的孩子中，挑一個接班人。他

把花種子發給孩子，說誰種出最美麗的花朵，誰就是王位繼承人。於是，大家都手捧著美麗的花朵，等著國王垂青，結果，國王選了一個手捧空花盆的孩子。因為，他發給孩子們的種子，都是煮熟的種子。這個故事叫我生氣的不得了。——這不是誘民以罪嘛！為什麼全國的小孩子都說謊，歸根究柢不是這些孩子不好，而是國王出台了一個壞政策。所謂壞制度使好人變成壞人，而好制度使壞人變成好人。我厭惡這個國王那種自以為是的語氣。

再接下去，是一個關於狐狸欺騙梅花鹿，讓它被獅子吃掉的故事。我不知道這個故事到底想培養孩子們怎麼樣的人生態度。

再接下去，是一隻想飛的貓，一隻貓，因為個人主義太嚴重，最後死掉了。

我很想成為一個兒童工作者，但我做不成兒童文學作家，也做不成兒童音樂家。甚至，我可能一事無成，而在這個過程中，孩子長大了，他會有自己的世界觀，有自己的價值判斷。那麼，他會如何看待他的父親呢？

在《目送》一文裏，龍應台說：博士學位讀完之後，我回臺灣教書。到大學報到第一天，父親用他那輛運送飼料的廉價小貨車長途送我。到了我才發覺，他沒開到大學正門口，而是停在側門的窄巷邊。卸下行李之後，他爬回車內，準備回去，明明啟動了引擎，卻又搖下車窗，頭伸出來說：「女兒，爸爸覺得很對不起你，這種車子實在不是送大學教授的車子。」

龍應台說：我慢慢地、慢慢地了解到，所謂父女母子一場，只不過意味著，你和他的緣分就是今生今世不斷地在目送

他的背影漸行漸遠。你站立在小路的這一端，看著他逐漸消失在小路轉彎的地方，而且，他用背影默默告訴你：不必追。

我知道，我想要維護菜蟲蟲無政府主義之權利，就應該去做一些事情。這個事情，未必是去成就一番「事業」。菜蟲蟲18歲的時候，我50歲了，可以繼續沒名氣、沒錢、沒職位，這一些都不是我最焦慮的。如果菜蟲會因為這個而感到羞愧，那才是我的羞愧。畢竟，紀伯倫說過：你們可以給他們以愛，卻不可給他們以思想，因為他們有自己的思想。你們可以蔭庇他們的身體，卻不能蔭庇他們的靈魂，因為他們的靈魂，是住在「明日」的宅中，那是你們在夢中也不能想見的。（紀伯倫《論孩子》）

我當然不會成為兒童文學作家了，也不會成為兒童音樂家，但我堅信羅大佑那句歌詞：我們所改變的世界，將是你們的未來。儘管，多數時候，我仍是覺得很無力。

2008年9月

【第三輯】黑暗時代的人們

國家圖書館出版品預行編目

閱讀抵抗荒誕：蔡朝陽中國教育觀察 / 蔡朝
陽著. -- 一版. -- 臺北市：秀威資訊科技，
2009.08
　　面；　公分. --（語言文學類；PG0271）

BOD版
ISBN 978-986-221-269-1（平裝）

1.教育　2.文集　3.中國

520.7　　　　　　　　　　　　　98012843

語言文學類　PG0271

閱讀抵抗荒誕——蔡朝陽中國教育觀察

作　　　者 / 蔡朝陽
主　　　編 / 蔡登山
發　行　人 / 宋政坤
執 行 編 輯 / 藍志成
圖 文 排 版 / 鄭維心
封 面 設 計 / 蕭玉蘋
數 位 轉 譯 / 徐真玉　沈裕閔
圖 書 銷 售 / 林怡君
法 律 顧 問 / 毛國樑　律師
出 版 印 製 / 秀威資訊科技股份有限公司
　　　　　　台北市內湖區瑞光路583巷25號1樓
　　　　　　電話：02-2657-9211　　傳真：02-2657-9106
　　　　　　E-mail：service@showwe.com.tw
經　銷　商 / 紅螞蟻圖書有限公司
　　　　　　台北市內湖區舊宗路二段121巷28、32號4樓
　　　　　　電話：02-2795-3656　　傳真：02-2795-4100
　　　　　　http://www.e-redant.com

2009 年 8 月　BOD 一版
定價：330 元

·請尊重著作權·
Copyright©2009 by Showwe Information Co.,Ltd.

讀　者　回　函　卡

感謝您購買本書，為提升服務品質，煩請填寫以下問卷，收到您的寶貴意見後，我們會仔細收藏記錄並回贈紀念品，謝謝！

1. 您購買的書名：＿＿＿＿＿＿＿＿＿＿＿＿＿＿＿＿＿＿

2. 您從何得知本書的消息？

☐網路書店　☐部落格　☐資料庫搜尋　☐書訊　☐電子報　☐書店

☐平面媒體　☐ 朋友推薦　☐網站推薦 ☐其他＿＿＿＿＿＿

3. 您對本書的評價：(請填代號　1.非常滿意 2.滿意 3.尚可 4.再改進)

封面設計＿＿　版面編排＿＿　內容＿＿　文/譯筆＿＿　價格＿＿

4. 讀完書後您覺得：

☐很有收獲　☐有收獲　☐收獲不多　☐沒收獲

5. 您會推薦本書給朋友嗎？

☐會　☐不會，為什麼？＿＿＿＿＿＿＿＿＿＿＿＿＿＿＿＿

6. 其他寶貴的意見：＿＿＿＿＿＿＿＿＿＿＿＿＿＿＿＿＿＿

＿＿＿＿＿＿＿＿＿＿＿＿＿＿＿＿＿＿＿＿＿＿＿＿＿＿＿

＿＿＿＿＿＿＿＿＿＿＿＿＿＿＿＿＿＿＿＿＿＿＿＿＿＿＿

＿＿＿＿＿＿＿＿＿＿＿＿＿＿＿＿＿＿＿＿＿＿＿＿＿＿＿

讀者基本資料

姓名：＿＿＿＿＿＿＿＿＿　年齡：＿＿＿＿　性別：☐女 ☐男

聯絡電話：＿＿＿＿＿＿＿＿　E-mail：＿＿＿＿＿＿＿＿＿＿

地址：＿＿＿＿＿＿＿＿＿＿＿＿＿＿＿＿＿＿＿＿＿＿＿＿＿

學歷：☐高中(含)以下　☐高中　☐專科學校　☐大學
　　　☐研究所(含)以上 ☐其他＿＿＿＿＿＿＿＿＿

職業：☐製造業 ☐金融業 ☐資訊業 ☐軍警 ☐傳播業 ☐自由業
　　　☐服務業 ☐公務員 ☐教職　☐學生 ☐其他＿＿＿＿＿＿

請貼
郵票

To：114

台北市內湖區瑞光路 583 巷 25 號 1 樓

秀威資訊科技股份有限公司　　　收

寄件人姓名：

寄件人地址：□□□

(請沿線對摺寄回,謝謝!)

秀威與 BOD

BOD（Books On Demand）是數位出版的大趨勢，秀威資訊率先運用 POD 數位印刷設備來生產書籍，並提供作者全程數位出版服務，致使書籍產銷零庫存，知識傳承不絕版，目前已開闢以下書系：

一、BOD 學術著作—專業論述的閱讀延伸
二、BOD 個人著作—分享生命的心路歷程
三、BOD 旅遊著作—個人深度旅遊文學創作
四、BOD 大陸學者—大陸專業學者學術出版
五、POD 獨家經銷—數位產製的代發行書籍

BOD 秀威網路書店：www.showwe.com.tw
政府出版品網路書店：www.govbooks.com.tw

永不絕版的故事・自己寫・永不休止的音符・自己唱